KB123084

나는 민주주의를 믿습니다

나는
민주주의를
믿습니다

시대 앞에 외친 링컨의 진심

에이브러햄 링컨
지음
이명섭 옮김

나는
민주주의를
믿습니다

1쇄 발행 2024년 8월 16일

지은이 에이브러햄 링컨
옮긴이 이명섭
펴낸이 조일동
펴낸곳 드레북스

출판등록 제2023-000148호
주소 경기도 파주시 탄현면 헤이리마을길 93-144, 2층 1호
전화 031-944-0554
팩스 031-944-0552
이메일 drebooks@naver.com

인쇄 프린탑
배본 최강물류

ISBN 979-11-93946-23-7 03300

들어가는 글

'정치인 중에 가장 불운한 사람'

그의 삶은 실패와 시련의 연속이었다. 아버지는 가난한 농부였고 어머니는 미혼모의 딸이었으며 둘 다 문맹이었다. 그 역시 15살이 될 때까지 글을 쓸 줄 몰랐다. 23세 때 사업에 실패했으며, 다음해에는 주의회선거에서 낙선했다. 이어 사업이 파산하면서 이 빚을 갚기 위해 17년간 고생했으며, 26세 때는 약혼자가 갑작스럽게 사망하기도 했다. 28세 때 신경쇠약으로 입원한 데에 이어 30세 때는 주 의회 의장직 선거에서 패배했고, 32세 되는 해에 정부통령 선거위원으로 출마했지만 역시 패배했다. 이후 하원의원 선거에 낙선하고, 하원의원 공천에 탈락했으며, 하원의원 재선거마저 낙선했다. 47세 때 상원의원 선거에 후보로 나왔지만 낙선했으며, 48세 때는 부통령 후보 지명전에 나섰지만 100표차로 낙선한 데 이어 50세 때는 상원의원 출마에서 고배를 마시기도 했다.

이처럼 실패를 거듭하자 동료들은 그가 자살할까 두려워 모든 칼과 흉기를 그의 주변에서 치워버렸을 정도였다. 일리노이의 한 신문에서는 "정치인 중에 가장 불운한 사람이며 어떤 것이든 실패할 운명을 가지고 태어난 사람으로, 보통 사람 같으면 더는 헤어나지 못할 실패를 그는 밥 먹듯 하고 있다"라는 기사를 쓸 정도였다. 링컨의 대표적인 정적 중한 벙빈 애느뷘 스밴턴으로부터 고릴라를 만나기 위해 아쁘리카에 샅 필요가 없다. 일리노이주 스프링필드에 가면 링컨이라는 고릴라를 만날 수 있다"라는 모욕도 들어야 했다.

하지만 그는 절망에 갇혀 있지 않았다. "넘어진 것이 아니라 단지 미끄러졌을 뿐"이라며 낙선 후 음식점으로 달려가서 배부르게 먹었으며 이발소로 가서 머리를 다듬고는 다시 새로운 여정을 시작했다. 이런 면모는 1832년 3월 9일 일리노이 주의회 의원에 입후보하면서 쓴 연설문에 그대로 드러난다.

"선량한 유권자 여러분의 현명한 판단에 따라 낙선하더라도 저는 실망하지 않겠습니다. 지금까지 너무나 많은 시련을 겪었고 그 시련에 익숙하므로 앞으로 절대 실망하거나 절망하지 않을 것입니다."

졌지만 그를 빛나게 한 힘

정치적으로 무명에 가까웠던 링컨이 전국적인 명사로 떠오른 것은 1858년의 연방 상원의원 선거였다. 상대는 네브래스카법 제정을 주도한 거물 정치인 더글러스 상원의원이었다. 그는 더글러스와 달리 당내의 입지가 약했고 정치 경력은 미천했다. 그에게 남은 것은 남다른 포용력과 누구나 쉽게 이해할 수 있게끔 말하는 능력이었다.

일곱 차례에 걸친 더글러스 상원의원과의 공개 토론에서 그는 당시 큰 논쟁거리였던 노예제도 문제에 대해 자신의 신념을 굽히지 않으면서 국민에게 그의 이름을 각인시켰다. 더글러스는 노예제 결정권을 주민에게 주어 각 주에서 결정하게 하자고 주장한 반면, 그는 "분열된 집은 스스로 설 수 없다"라며 노예제도 확대는 독립선언서와 '이 나라의 틀을 짠 선조'들이 만든 헌법정신에 위배된다고 주장했다. 노예 해방이라는 총론에 동의하지만 표를 의식해 구체적인 접근법과 해법에서 망설이는 경쟁자와 달리 명확한 근거로 토론에 임했고, 상대방에게 불쾌감을 주지 않으면서도 자신의 신념을 널리 알렸다.

이 선거에서 낙선하기는 했지만 2년 후인 대통령선거에서 마침내 미국 제16대 대통령으로 당선되었다. 탁월한 선거 전략과 정치적 식견도 무시할 수 없지만, 그의 남다른 포용력은 분열의 위기에 처한 미국과 그가 속한 공화당을 구한 희망이었다. 대통령이 된 뒤에도 자신의 경쟁자들에게 장관직을 맡기며 다양한 정치적 스펙트럼을 안았다.

특히 그를 '고릴라'에 빗대고 "그가 대통령이 된 것은 국가적 재난"이라고 혹평했던 애드윈 스탠턴을 국방부 장관에 임명하기까지 했다. 이것은 단순히 형식적인 통합이 아니라 국난 상황을 헤쳐 나가기 위해 경쟁자들의 역량을 최대한 끌어낸 것이었다. 링컨이 서거한 후 스탠턴은 "여기 가장 위대한 사람이 누워 있습니다"라고 말하며 그의 죽음을 누구보다 슬퍼했다.

　포용력과 함께 링컨의 또 다른 무기는 빼어난 연설 능력이었다. 그가 정치 생활을 했을 당시 《뉴욕 트리뷴》 편집인인 호러스 그릴리는 이런 말을 했다.

　"링컨의 말은 매우 단순하고 쉽지만 힘이 있다. 지혜와 상식, 정치인으로서의 넓은 안목과 확고한 신념, 순수한 열정이 그의 말과 연설문에 고스란히 담겨 있다."

　사람들 앞에서 말하기를 좋아해, 어린 시절 또래를 모아놓고 이야기하는 것을 즐겼으며, 말 잘하는 사람들의 연설을 자주 흉내내곤 했다. 변호사들의 변론을 듣기 위해 먼 길도 마다하지 않았다.

　이런 능력을 연마하면서도 어떤 주제라도 그에 들어맞는 재미있고 풍부한 예화를 곁들여 듣는 이들이 이해하기 쉽게 설명하며 자신만의 길을 찾았다. 미사여구와 화려한 문장이 유행하던 당시, 번뜩이는 비유와 상징을 통해 교육적이면서도 재미있게 핵심을 찔렀고 복잡한 문제를 단순하면서도 명쾌하게 설파했다. 예를 들어 1864년 재선 연설 당시 '일리노이주 농부'의 우화를 소개하면서 청중의 이해를 빠르게 돕고 자신의 연설에 공감하게끔 했다. 그 안에 담긴 진심은 청중의 마음에 간단명료하면서도 구체적으로 파고들었고 은근하면서도 강렬하게 새겨졌다.

　그의 소신과 진심은 '게티즈버그 연설'로 불리는 '펜실베이니아주 게티즈버그 국립묘지 헌정식 연설'로 집약된다. 1863년 11월 19일, 미국 남북전쟁의 격전지인 펜실베이니아주 게티즈버그의, 전사한 장병들의 영혼을 위로하는 식전에서 행한 이 말은 미국 역사상 가장 위대한 연설이자 가장 많이 인용된 연설문이다. 272단어로 2분여 남짓밖에 되지 않지만 이 말은 그의 정치철학을 대표하며, 특히 내용 중 "국민에 의한, 국민을 위한, 국민의 정부"는 이후 민주주의의 이념을 상징하는 문구로 지금도 회자하고 있다.

그는 노예제도를 폐지하고 남북전쟁을 승리로 이끌었을 뿐만 아니라 정치적으로는 자유와 평등, 인류애, 민주주의에 대한 확신을 굽히지 않았다. 이런 소신과 진심으로 대중 앞에 나섰고 시대의 아픔을 끌어안은 면모는 그가 정치활동 중에 한 연설들에 고스란히 남아 있다. 《나는 민주주의를 믿습니다》는 '시대 앞에 외친 링컨의 진심'을 묶은 것으로, 이를 통해 정치인으로서의 링컨뿐만 아니라 시대를 고뇌한 그의 인간적인 면모를 읽을 수 있다.

CONTENTS

나는 절망하지
않습니다

생거먼 카운티의 유권자 여러분에게

1832년 3월 9일, 정계에 입문해 일리노이 주의회 의원에 입후 보한 링컨이 쓴 연설문으로, 대중 앞에서 실제로 연설한 것이 아니라 유인물 형태로 배포했다. 이 선거에서 낙선했으나 이듬 해에 재도전해 당선되었다.

친애하는 시민 여러분, 저는 차기 주 의회에서 여러분을 대표하는 명예로운 의원직에 입후보했습니다. 이에 관례와 진정한 공화주의 원칙에 따라 우리 지역의 현안에 대한 저의 견해를 여러분에게 말씀드릴 의무가 있습니다.

공공사업의 수익성은 시간과 경험으로 입증됩니다. 가난하고 인구가 적은 지역도 도로를 개설하고 강의 항해를 방해하는 장애물을 제거하면 크게 번영할 수 있다는 사실은 누구도 부인하지 않을 것입니다. 다만 그 일을 해낼 능력이 있는지 살펴보지도 않은 채 그 일에 뛰어드는 것은 어리석은 짓입니다. 무턱대고 나섰다가 멈춘다면 하지 않느니만 못하고 그동안 얼마나 헛수고했는지 스스로 증명할 뿐입니다. 비용을 들이지 않고 철도와 운하를 놓을 수 있다면 누구도 반대하지 않을 것입니다. 유일한 반대 의견은 비용이 든다는 것이며, 그만한 비용을 감당할 여력이 없다는 점입니다.

생거먼 카운티가 비옥한 땅에서 생산하고 남은 것을 다른 지역으로 출하하고 필요한 물품을 외부에서 들여오려면 지금보다 더 편리한 교통수단이 필요합니다. 그래서 잭슨빌과 인접 지역의 주민들은 일리노이강의 적당한 지점에서 모건 카운티의 잭슨빌을 거쳐 생거먼 카운티의 스프링필드까지 철도를 부설하는 방안을 논의하기 위해 한자리에 모여 회의를 열었습니다. 이것은 매우 바람직한 일입니다.

우리가 현실적으로 기대할 수 있는 어떤 공공사업도 철도에 필적하는 것은 없습니다. 철도는 서로 멀리 떨어져 있는 지역들을 연결해주는 가장 확실한 교통수단입니다. 철도를 이용하면 강의 수위 변화나 기상 악화로 인해 교역이 중단되는 일은 없을 것입니다. 실제로 수상교통에 대한 우리의 희망을 불확실하게 하는 주된 요인은 강의 결빙과 일정하지 않은 수위입니다.

하지만 우리 지역에 철도를 부설하는 것이 바람직하고 가슴 뛰는 일이라고 해도 얼마나 큰 비용이 드는지 알고 나면 모두가 움츠러들 것입니다. 철도를 건설하는 데에 드는 비용은 29만 달러에 이릅니다. 이 수치를 언급하는 것만으로도 생거먼강을 개선하는 것만이 우리의 빈약한 환경에 훨씬 더 적합하며, 저의 믿음을 주장하기에 충분합니다. 이 강을 정비하면 25톤에서 30톤급 선박이 적어도 평년의 절반, 그리고 그보다 큰 선박이 그 기간의 일부를 항해할 수 있다고 자신있게 말씀드립니다.

저는 지난 12개월간 이 지역의 누구보다도 이 강의 수위에 특별한 관심을 기울였습니다. 1831년 3월에 저는 동료 몇 명과 함께 생거먼강에서 평저선을 만들어 타고 강을 따라 내려갔습니다. 그때부터 저는 물방앗간을 눈여겨보기 시작했고 이 강의 수위에 관심을 두었습니다.

그해 4월 말, 물방앗간의 동력을 얻기 위해 만든 보를 건널 때 강의 수위는 겨울이 끝난 2월 이후나 4월 말 이후 몇 주보다 낮았습니다. 우리가 강을 내려가면서 겪은 가장 큰 어려움은 물에 떠다니는 목재들이었습니다. 이것은 제거하기 힘든 장애물이 아닙니다. 저는 그 당시의 수위를 거의 정확하게 알고 있었기 때문에 그 후에도 강물이 얼마나 불어나고 줄어드는지 알 수 있었습니다.

생거먼의 항해에 관한 저의 계산은 감성에 근거한 것처럼 보일 수 있습니다. 하지만 이 강의 자연적 이점에 안주하기보다는 사람의 손으로 개선해야 실용성을 높일 수 있습니다. 강물에 떠내려온 목재들이 항해를 가로막는 가장 큰 장애물입니다. 좀더 수월하게 항해하려면 이 강의 전 구간 중 하류의 48킬로미터에서 56킬로미터 구간의 정비가 가장 시급합니다. 수로의 꾸불꾸불한 길을 따라가면 우리는 비어즈타운 북쪽의 강어귀에 도달합니다. 하지만 뉴세일럼과 비어즈타운은

직선거리로 20킬로미터에서 28킬로미터밖에 되지 않습니다.

저지대의 초원을 통과하는 그 구간의 강폭을 넓히고 옛 수로에 둑을 쌓으면 강 전체의 수로가 새롭게 정비되고 강의 유속도 빨라집니다. 그러면 항해를 방해하는 목재들이 강둑에 쌓이는 일은 없을 것입니다. 또한 지그재그로 흐르는 상류의 여러 구간에서도 장애물을 제거하기보다는 강폭이 좁아지는 부분을 확장해서 물줄기가 일직선으로 흐르도록 하면 항해 거리는 한층 줄어들 것입니다.

이 공사에 드는 비용이 얼마일지는 알 수 없지만, 같은 길이의 다른 강들의 항해 여건을 개선할 때 드는 비용보다는 많지 않을 것입니다. 생거먼강 정비는 이 카운티에 사는 여러분에게 매우 중요하고 바람직한 일이라고 믿습니다. 제가 의원으로 선출되면 이를 실현할 현명한 방책을 마련하고 승인될 수 있도록 노력하겠습니다.

고리대금 문제는 그동안 많은 논의가 오갔습니다. 따라서 저는 이 문제를 처음 제기함으로써 얻는 명예를 주장하거나 위험을 감수하지 않고도 이 문제의 폐해와 대책을 말씀드릴 수 있습니다. 모든 카운티에 매년 수천 달러의 직접세를 부과하는 것이나 다름없는 이 해롭고 부패한 제도, 공동체 전체의 이익을 침해하고 소수의 개인만 이익을 누리는 이 제도는 높은 이율에 제재를 가하는 법률이 제정되지 않는 한 절대 없어지지 않을 것입니다. 그런 법률은 정상적일 때는 효과가 있겠지만 극도로 궁핍한 사람들이 존재하는 상황에서는 법망을 빠져나가는 수단이 될 수 있습니다. 저는 법망을 쉽게 빠져나가는 허점 많은 법이 통과되는 것에 반대합니다. 고리대금에 관한 법을 만들어 고리대금업자들이 그 법망을 빠져나가지 못하도록 해야 하며, 고리대금은 아주 불가피한 경우에만 용납해야 합니다.

교육 문제는 거창한 계획이나 제도를 제시하기보다는 교육이야말로 우리가 관심을 두어야 할 가장 중요한 사안이라는 점만 말씀드리겠습니다. 모든 사람이 어느 정도의 교육을 받아 역사를 읽을 줄 알고 우리가 누리는 자유로운 제도의 가치를 깨닫는 것은 매우 중요한 일입니다. 종교적이고 도덕적인 경전과 다른 여러 작품을 읽음으로써 얻을 수 있는 이득과 만족만 보더라도 교육은 매우 중요합니다. 교육으로 도덕과 진지함, 진취적인 기상과 근면함이 현재보다 훨씬 더 널리 퍼지기를 바랍니다. 그런 행복한 시대를 앞당기는 데에 제가 조금이나마 이바지할 수 있다면 그보다 큰 보람은 없겠습니다.

기존 법률은 일부 손질해야 한다고 생각합니다. 존경할 만한 분들이 일부 법률이 현실과 맞지 않고 법적 결함이 있어 수정이 필요하다고 제안하셨습니다. 그런 법을 만든 사람들이 저보다 현명하다는 점을 고려해서 함부로 법 개정에 나서지는 않겠습니다. 다만 다른 분들이 그 법을 비판하고 그들의 견해가 올바르며 정의를 증진한다고 판단될 때는 저는 그들과 함께하겠습니다. 이것이 저의 특권이자 의무입니다.

시민 여러분, 이제 결론을 말씀드리겠습니다. 젊은이는 모름지기 겸손해야 하는데 제 말이 건방지거나 주제넘었는지 모르겠습니다. 다만 제가 그동안 이들 문제를 고민하고 면밀하게 조사했으며 그 결과를 토대로 저의 생각을 말씀드렸을 뿐입니다. 저의 생각이 부분적으로나 전체적으로 틀렸을 수도 있습니다. 저는 항상 틀린 것보다 가끔이라도 옳은 것이 낫다는 말을 좌우명으로 삼고 있으며, 저의 의견이 틀렸다고 밝혀지면 그 즉시 그것을 내려놓을 준비가 되어 있습니다.

모든 사람은 저마다 자신만의 야망을 품고 있다는 말이 있습니다. 이 말이 옳든 그르든 저의 가장 큰 야망은 여러분의 존경을 받을 만한 자질을 갖추고 여러분으로부터 진정으로 존경받는 사람이 되는 것입니다. 이 야망을 얼마나 이룰 수 있을지는 지금으로서는 알 수 없습니다. 저는 나이가 어릴 뿐만 아니라 저를 아는 분이 많지 않습니다. 저는 가장 낮은 계층에서 태어났고 지금까지 그 계층에서 살아왔습니다. 저를 도와줄 재력가나 유명인사도 없습니다. 저는 오직 이 카운티의 독립적인 유권자 여러분을 믿고 출마했습니다. 제가 당선된다면 여러분이 저에게 크나큰 호의를 베푸신 것으로 여기며, 이에 보답하기 위해 끊임없이 노력하겠습니다.

선량한 유권자 여러분의 현명한 판단에 따라 낙선하더라도 저는 실망하지 않겠습니다. 지금까지 너무나 많은 시련을 겪었고 그 시련에 익숙하므로 앞으로 절대 실망하거나 절망하지 않을 것입니다.

허위 앞에 침묵하지 않겠습니다

멕시코 전쟁에 관한 연방의회 하원 연설

1848년 1월 12일, 멕시코와의 전쟁을 반대하는 연설로, 국가정책 결정 과정에서 사실의 왜곡이나 허위가 절대로 있어서는 안 된다는 주장이 담겨 있다. 이 연설로 그는 중앙 정계에서 밀려나 변호사로 돌아가야 했다.

의장님, 제가 잘못 알고 있는 것이 아니라면 일주일인가 열흘 전에 멕시코와의 전쟁은 필요하지 않으며 대통령이 이 전쟁을 시작한 것은 헌법에 어긋난다고 선언한 결의투표에 본 의회의 반대쪽 의석을 차지하고 있는 민주당 의원들 중 일부가 지난 이틀간 불만을 토로했습니다.

저는 그런 투표가 당리당략에 의해 좌우되어서는 안 되며 충분한 근거 없이 이루어졌다면 비난받아 마땅하다고 생각합니다. 저는 그 투표에 참여한 한 사람입니다. 제가 어떻게 그런 판단을 했는지, 어떻게 해야 대통령이 생각을 바꿀 수 있는지 설명하겠습니다.

전쟁이 시작될 무렵의 저의 입장을 언급하기에는 제가 알고 있는 사실이 많지 않습니다. 다만 제가 알고 있는 사실은 전쟁 초기에 대통령의 행동에 양심적으로는 승인할 수 없었던 사람들도 선량한 시민이자 애국자로서 적어도 전쟁이 끝날 때까지는 이 문제에 침묵할 수밖에 없었다는 점입니다. 밴 뷰런 전 대통령을 포함한 민주당 지도자들도 저와 같은 견해였을 것입니다. 저는 하원의원이 된 이후 이런 입장을 견지해왔고 이에 걸맞게 행동해왔습니다. 앞으로도 같은 입장을 견지하겠다고 다짐하지만 대통령과 그의 측근들의 행동을 보고 결코 침묵할 수 없었습니다.

　대통령은 군비 지출 건에서 찬성과 반대가 오락가락하는 부동표를 자신의 개전 행위가 정당하고 현명하다는 사실을 확인해주는 증거로 이용하고 이를 입론화하려고 노력해왔습니다. 그리고 최근 교서에서는 상원의원 2명과 하원의원 14명만 반대한 거의 만장일치로 "멕시코공화국의 도발로 멕시코와 합중국이 교전 상태에 놓여 있다"라고 선언했습니다. 하지만 대통령이 논거로 삼은 의사록에는 이 선언이 군비 지출 건과는 관계없으며 하원의원들 중 14명이 아닌 67명이 반대표를 던졌다는 사실도 기록되어 있습니다. 대통령은 사실을 애써 뭉뚱그리면서도 어쨌든 그것이 사실을 증명한다고 공공연히 언급했습니다.

　사실을 왜곡하고 허위에 찬 이런 진술을 그냥 지켜볼 수 없었던 의원들은 자신의 소신을 밝히기로 했습니다. 이에 그치지 않고 저의 동료 의원 중 한 명인 알렉산더 리처드슨은 이회기 초반에 개전이 대통령의 판단이었다는 사실을 명시하려는 결의안을 제출했습니다. 이 결의안이 상정되어 표결에 부쳐진다며 저는 투표에 나설 수밖에 없습니다. 그래서 제가 침묵을 지키려 했지만 그럴 수 없었습니다.

이런 상황에 이르러 저는 사태를 올바르게 이해하고 투표에 임할 목적으로 조사에 착수했습니다. 대통령이 말한 것과 증명한 것이 무엇인지 확인하려고 교서를 꼼꼼하게 검토했습니다. 그 결과 대통령이 말한 모든 것이 설령 사실일지라도 대통령은 자신의 정당성을 증명하지 못했고 사실이 아닌 자신만의 증거로 행동했을지도 모른다고 판단했습니다. 이를 근거로 저는 앞서 언급한 표결에 임했습니다. 제가 왜 이런 결론에 이르렀는지 간략하게 말씀드리겠습니다.

대통령은 1846년 5월의 첫 번째 전쟁 교서에서 멕시코가 적대 행위를 개시된 지점이 우리 땅이라고 분명하게 밝혔습니다. 그 후의 연례교서에서도 같은 말을 되풀이함으로써 그 점을 얼마나 중요하게 여기는지 보여주었습니다. 그 중요성에 대해서는 저도 대통령의 의견에 전적으로 동의합니다. 하지만 대통령의 행동이 정당화될지 비난받을지는 바로 그 점에 달려 있습니다.

1846년 12월 교서에서 대통령은 소유권, 즉 땅이나 다른 어떤 것에 대한 소유권은 하나 이상의 사실에서 비롯된 결론이므로, 어떤 사실을 근거로 이번 전쟁에서 첫 번째 유혈 사태가 벌어진 땅이 우리 국토라는 결론을 내렸는지 분명하게 제시하는 것이 자신에게 주어진 의무라고 판단한 것 같습니다. 방금 언급한 교서 12쪽 중간부터 14쪽까지 논점을 정하고 증거를 제시한 것도 그런 까닭일 것입니다.

이제 이 모든 논점과 증거가 처음부터 끝까지 얼마나 기만적인지 입증하고자 합니다. 대통령이 제시하는 논점은 다음과 같습니다.

"이 모든 것을 사실이라고 인정하면서도 텍사스의 진정한 서쪽 경계는 리오그란데강이 아니라 누에시스강이므로 우리 군대가 누에시스강 동쪽으로 진군한 것은 텍사스의 경계선을 넘어 멕시코의 영토를 침공한 것이나 다름없다고 주장하는 사람들이 있다."

이 논점은 아무런 부정 없이 두 개의 명제로만 이루어져 있습니다. 가장 큰 기만은 이 강 아니면 저 강이 필연적인 경계선이라고 설정함으로써 경계가 실제로는 두 강 중 어느 쪽이 아니라 두 강 사이의 어디쯤일 수 있다는 생각을 원천봉쇄한다는 점입니다. 또 다른 기만은 진짜 논점에서는 배제되었을 증거를 은근슬쩍 인정한 것입니다. 대통령이 만든 진정한 논점은 다음과 같습니다.

"내가 첫 번째 유혈 사태가 벌어진 곳이 우리 땅이라고 강

조해도 그렇지 않다고 주장하는 사람들이 있다."

　이제부터 이 논점에 적용할 수 있는 대통령의 증거들을 검토하겠습니다. 그 증거를 분석한 결과 다음과 같은 명제에 함축되어 있습니다.

- 우리가 1803년에 루이지애나를 프랑스로부터 사들일 때, 그 서쪽 경계가 리오그란데강이었다.
- 텍사스공화국은 시종일관 리오그란데강을 서쪽 경계라고 주장해왔다.
- 다양한 법령으로 텍사스는 그 사실을 문서화했다.
- 산타 안나가 텍사스와 조약을 체결할 때 리오그란데를 국경으로 인정했다.
- 합병 전의 텍사스공화국과 텍사스를 합병한 후의 합중국은 누에시스강 너머, 즉 두 강 사이의 지역에 관할권을 행사했다.
- 우리 의회도 텍사스의 경계선이 누에시스강 너머까지 확장한 것으로 이해했다.

　각 항목의 오류를 차례로 설명하겠습니다.

먼저 "우리가 1803년에 루이지애나를 프랑스로부터 사들일 때, 그 서쪽 경계가 리오그란데강이었다"라는 점이 논쟁의 대상이 되리라 예상한 것 같습니다. 그래서 한 페이지에 달하는 분량을 그것이 사실이라고 증명하는 데에 할애했습니다. 대통령은 결론적으로 1819년 조약에 의해 우리가 스페인에 양보한 텍사스의 영토는 리오그란데에서 동쪽으로 사빈강까지 이르렀다고 말합니다. 그런데 리오그란데가 루이지애나의 경계였다는 사실을 인정하는 것이 우리와 멕시코 사이의 현 경계와 무슨 관련이 있습니까?

　의장님, 한때 의장님의 땅과 저의 땅을 갈라놓은 그 경계선이 제가 그 땅을 의장님에게 판 뒤에도 여전히 우리 둘 사이의 경계선이 될 수 있는지 저는 도저히 이해할 수 없습니다. 그리고 오직 진실을 입증해야 할 의무를 지닌 사람이 어떻게 이런 사실을 끌어들일 생각을 했는지 이해할 수 없습니다. 팔기 전에 우리 것이었다는 이유만으로 그것에 대한 권리를 정당화하려는 시도에 분노가 치밀 뿐입니다.

　대통령이 제시하는 다음 증거는 "텍사스공화국은 시종일관 리오그란데강을 서쪽 경계라고 주장해왔다"입니다. 이것은 사실이 아닙니다. 텍사스가 그렇게 주장한 적은 있더라도 시종일관 그렇게 주장해온 것은 아닙니다. 이 공화국이 제정한 가장 엄숙하고 사려 깊은 법령, 즉 다른 모든 것을 무효로 하는 공화국의 마지막 유언이라 할 수 있는 1845년 텍사스주 헌법에는 그런 주장이 없습니다. 텍사스가 그렇게 주장해왔다고 가정한다고 해도 멕시코는 언제나 그와 정반대의 주장을 하지 않았습니까? 서로 다른 주장만 맞설 때 어느 쪽의 주장이 옳은지 확실한 근거를 찾기 전까지는 어느 쪽의 손도 들어줄 수 없습니다.

다음으로 "다양한 법령으로 텍사스는 그 사실을 문서화했다"라는 대통령의 진술을 살펴보겠습니다. 이 말은 텍사스주 헌법이 아닌 1836년 텍사스공화국 헌법에서 카운티를 확정할 때 리오그란데를 경계로 삼았다는 것입니다. 이것은 논거 없는 주장일 뿐입니다. 제가 말한 소유권 주장은 여기에도 엄격하게 적용됩니다. 제가 의장님의 땅을 내 땅이라고 주장한다고 해서 그 땅이 내 땅이 됩니까? 제가 의장님과 무관하게 그 땅의 소유권자는 나라고 주장한들 그것은 공허한 메아리에 불과합니다.

다음으로 "산타 안나가 텍사스와 조약을 체결할 때 리오그란데를 국경으로 인정했다"라는 대통령의 발언을 들여다보겠습니다. 당시 산타 안나가 전쟁포로 신분이었으므로 조약으로 멕시코를 속박할 수 없었다는 일반적인 입장 외에 대통령이 조약이라고 부르는 그와 맺은 협의 내용과 관련해 한마디 하겠습니다.

대통령이 거창한 이름으로 부르는 그 보잘것없는 문서를 직접 확인하고 싶다면 《나일스 레지스터》 제50권 336쪽을 펼쳐 보시기 바랍니다. 양국 간의 엄숙한 조약인 그 대단한 문서가 관보가 아닌 잡지에 실린 것이 이상하지 않습니까? 제가 국무부에 문의한 결과 대통령 자신도 그 잡지 외에는 문서를 본 적이 없었다고 합니다.

그 문서가 작성된 후 10년 동안 누구도 그것을 조약이라고 부른 적이 없었습니다. 대통령이 궁여지책으로 멕시코 전쟁과 관련해 자기 뜻을 정당화해줄 무언가를 찾으려다가 조약이라는 명칭을 발견한 것에 불과합니다. 그것은 조약이 갖추어야 할 절차와 형식을 따르고 있지 않을 뿐만 아니라 이후 조약으로 선포되지도 않았습니다.

산타 안나는 멕시코 육해군 총사령관 역할을 했을 뿐 그 문서에서 멕시코의 대표를 자임한 것도 아니었습니다. 그는 당시 적대행위를 중단할 것과 독립전쟁을 치르는 텍사스를 상대로 본인이 무기를 들거나 멕시코 국민에게 무기를 들도록 영향력을 행사하지 않을 것이라고 서약했습니다. 하지만 그는 텍사스의 독립을 인정하지 않았고 전쟁이 계속될 것이라는 예상을 분명히 밝혔습니다. 그는 경계 문제는 한마디도 하지 않았으며 그 문제를 생각하지도 않았을 것입니다.

그 문서에는 멕시코 군대가 리오그란데강을 건너 텍사스의 영토에서 철수해야 한다고 명시되어 있습니다. 그 문서의 다른 조항에는 양국의 충돌을 피하기 위해 텍사스 군대는 리오그란데강, 문서에는 이 강이라고 명시되어 있지는 않지만 이 조항을 넣은 목적을 감안할 때 분명한 리오그란데강의 28킬로미터 이내로 접근해서는 안 된다고 규정되어 있습니다. 이 조약이 리오그란데를 텍사스의 경계로 인정한 것이라면, 그것은 텍사스가 자신의 경계로부터 28킬로미터 거리를 유지해야 한다는 기이한 규정을 포함하는 셈입니다.

다음 증거는 합병 이전의 텍사스공화국과 합병 이후의 합중국이 누에시스강 너머, 다시 말해 두 강 사이에서 관할권을 행사한 증거입니다. 이 실질적인 관할권 행사는 우리가 원하는 바로 그 수준의 증거입니다. 훌륭해 보이는 이 증거가 정말 충분한 증거가 될 수 있습니까? 대통령은 관할권이 누에시스강 너머까지 이른다고 말하면서도 리오그란데까지 확대되었다고 말하지는 않습니다. 순진한 사람이라면 하나의 강을 건너서 다음 강까지 가지 않더라도 그 너머로 갈 수 있으며 두 강 사이의 모든 영토를 포함하지 않고도 두 강 사이에서 관할권을 행사할 수 있다고 생각할 것입니다.

저는 위배시강과 미시시피강 사이의 일부 토지에 대한 관할권을 행사하고 있는 사람을 알고 있습니다. 그 땅은 가로 245킬로미터, 세로 80킬로미터에 불과하고, 두 강에서 160킬로미터 이상 떨어져 있습니다. 그와 미시시피강 사이에는 이웃이 살고 있는데, 그는 이웃을 설득하거나 강요해서 그 땅을 포기하게 할 수 없습니다. 그럼에도 불구하고 그 땅을 가지고 싶다면 그는 자신의 땅에 서서 이웃의 땅에 대한 권리를 주장하거나 자기 땅에 앉아 억지로 권리증을 작성해야만 할 것입니다.

다음으로 대통령은 "우리 의회도 텍사스의 경계선이 누에시스강 너머까지 확장한 것으로 이해했다"라고 말합니다. 그것은 분명하고 저도 확실히 그렇게 이해했습니다. 그런데 그 너머까지란 얼마나 멀리까지입니까? 텍사스의 연방 가입을 승인한 상하 양원의 공동 결의안이 경계에 관한 모든 문제를 추후에 조정한다고 명시적으로 남겨 두었다는 사실만으로도 의회가 텍사스의 영토를 리오그란데까지 이어진 것으로 이해하지 않았다는 점이 확실합니다. 그리고 텍사스주의 신헌법이 그 결의안을 그대로 따랐다는 사실은 텍사스주도 경계 문제에서 의회와 같은 생각을 하고 있었음을 입증해줍니다.

이상으로 대통령이 제시하는 증거를 모두 검토해보았습니다. 그리고 누군가가 대통령이 텍사스나 합중국의 권위에 복종한 적이 없었던 멕시코인이 사는 땅으로 군대를 보냈고 그곳에서 이 전쟁의 첫 번째 피가 뿌려졌다고 했을 때, 대통령이 모든 말에서 이것을 인정하거나 부인하는 단 한마디도 하지 않았다는 것은 너무나 기이합니다. 이 기이한 누락은 의도적이 아니라면 일어날 수 없는 일입니다.

저는 직업상 법정을 자주 드나들고, 그곳에서 승소할 가능성이 거의 없어 보이는 소송에서 의뢰인을 위해 최선을 다하는 유능한 변호사들을 종종 봅니다. 그들은 온갖 술책과 언변을 동원해 사건의 핵심을 회피하거나 은폐하기 위해 애씁니다. 다른 당에 대한 편견 때문에 제가 그렇게 보는 것일 수도 있습니다. 제가 그런 편견에 사로잡힐 가능성을 감안하더라도 대통령의 행동은 저에게 여전히 그런 필요성에서 비롯된 것으로 보입니다.

제 동료 의원 리처드슨이 제가 언급했던 결의안을 제출하고 얼마 지나지 않아 저도 질의서를 제출해 대통령을 대화의 장에 나오도록 애썼습니다. 저의 시도가 적절하다는 것을 보여주기 위해 텍사스와 멕시코 경계를 확정하는 진정한 규칙에 대한 저의 견해를 말씀드리겠습니다. 그것은 텍사스가 관할권을 행사하는 곳은 어디든 텍사스의 영토이고 멕시코가 관할권을 행사하는 곳은 어디든 멕시코의 영토이므로 한쪽의 관할권 행사와 다른 쪽의 관할권 행사를 구분하던 곳이 양쪽의 진정한 경계라는 것입니다. 텍사스가 누에시스강 서쪽을 따라 관할권을 행사하고 있었고 멕시코가 리오그란데강 동쪽을 따라 관할권을 행사하고 있었다면 어느 쪽의 강도 경계가 될 수 없으며, 두 강 사이의 무인지대가 양국의 경계일 것입니다.

그 지역에 있던 우리 영토의 넓이는 조약으로 정해진 경계가 아니고 어떤 조약도 시도한 적이 없었기 때문에 혁명이 어떻게 진행되는지에 달려 있었습니다. 어느 곳에서든 의지와 힘이 있는 국민이라면 누구나 기존 정부를 무너뜨리고 자신에게 적합한 새로운 정부를 세울 권리가 있습니다. 이것은 가장 고귀하고 신성한 권리이며, 우리가 희망하고 믿는 이 권리는 세상을 해방시킬 수 있는 권리이기도 합니다. 이 권리는 기존 정부의 국민 전체가 행사할 때만 적용되는 것은 아닙니다. 그런 국민의 일부도 혁명을 일으켜 자신이 거주하는 땅을 자기 것으로 삼을 수 있습니다. 나아가 그런 국민 중에서 다수가 혁명을 일으켜 자신들의 행동에 반대하는, 그들과 섞여 있거나 그들의 이웃에 있는 소수를 몰아낼 수도 있습니다. 혁명은 낡은 노선이나 법을 따르지 않는 법입니다.

대통령의 성명에 따르면 지금 문제가 되는 지역은 우리가 1803년에 루이지애나를 프랑스로부터 매입했으며, 1819년에 스페인에 양도한 것으로 되어 있습니다. 그 후 1826년 텍사스를 포함한 전 멕시코가 스페인을 상대로 반란을 일으켰으며, 1836년 텍사스가 다시 멕시코를 상대로 반란을 일으켰습니다. 텍사스 주민들이 자발적으로 복종했는지 강압에 복종했는지는 차치하고, 텍사스가 주민들의 실제적인 복종을 얻음으로써 혁명을 실현한 땅만 텍사스의 것이고 그 밖의 땅은 텍사스의 영토가 아니라는 것이 저의 의견입니다.

의장님, 텍사스가 현 전쟁의 적대행위가 발발한 곳까지 실제로 영향을 주었는지에 대한 가장 확실한 증거를 얻기 위해 대통령으로부터 제가 제출한 결의서에 충분하고도 공정하며 솔직한 답변을 듣게 합시다. 주상이 아니라 사실을 들어 솔직하게 답변하게 합시다. 워싱턴이 앉아 있던 자리에 앉아 있다는 사실을 잊지 말고 워싱턴이 그랬던 것처럼 답변하게 합시다. 국가와 전지전능한 신 앞에 한 점 부끄러움 없이, 회피하거나 둘러대거나 애매한 표현을 사용하지 못하게 합시다.

그런 답변으로 전쟁에서 첫 번째 피가 뿌려진 땅이 우리 땅이라는 사실을 명시해준다면, 그곳이 주민이 거주하는 곳이 아니었다는 사실 혹은 거주민이 있다고 해도 그 주민들이 텍사스나 합중국의 권력에 복종하고 있었다는 사실을 보여준다면, 그리고 1846년 3월부터 합중국이 리오그란데강 북쪽에 건설하기 시작한 브라운 보루 요새이 부지가 우리 국토 안에 있었다는 사실을 마찬가지로 밝혀낼 수 있다면 저는 대통령 편에 서서 대통령의 정당성을 주장할 것입니다. 그 경우에는 전날 있었던 투표 때의 저의 입장을 기꺼이 번복하겠습니다.

저는 대통령이 그렇게 해주기를 바라는 이기적인 동기가 있습니다. 대통령이 그렇게 해주지 않는다면 앞으로 이 전쟁과 관련된 표결을 할 때 저 자신의 판단이 옳은지 확신하지 못한 상태에서 투표할 수밖에 없겠지만, 대통령이 그렇게 해준다면 아무런 의심 없이 투표할 것입니다. 대통령이 그렇게 할 수 없거나 하지 않는다면 저는 어떤 구실로든 거부하거나 회피할 것입니다. 그렇다면 저는 이미 의심하고 있던 바와 같이 대통령이 자신의 잘못을 깊이 자각하고 있다는 사실, 즉 이번 전쟁의 피는 아벨이 흘린 피처럼 무고하고 억울한 피라는 사실을 확신해버릴 것입니다.

두 나라를 전쟁에 끌어들이려는 대통령의 강력한 동기에 저의 의견을 말씀드리겠습니다. 대통령은 대중의 시선을 찬란한 군사적 영광, 즉 피의 홍수 속에서 떠오르는 무지개, 그리고 피를 부추기는 악마의 눈에 고정시키면 자신의 잘못을 면할 수 있으리라 믿고 전쟁 속으로 뛰어들어 승승장구했지만 결국 멕시코가 쉽게 정복되리라는 자신의 계산이 어긋나자 크게 낙담하고 있습니다. 대통령이 마지막 교서에서 전쟁을 묘사한 부분은 몽유병자의 중얼거림에 가깝습니다. 우리가 멕시코로부터 얻을 수 있는 것은 영토 외에는 없다고 말하다가 다른 곳에서는 멕시코에 분담금을 부과하면 전쟁을 계속 수행할 수 있다고 말합니다. 국가의 명예, 미래의 안보, 외국의 개입 방지, 심지어 멕시코의 이익을 전쟁의 목적으로 강조하다가도 "영토 할양을 거절함으로써 사실상 배상을 거절히는 것은 우리의 모든 정당한 요구를 포기하는 것이며, 모든 전쟁 비용을 부담하면서 목적이나 명확한 대상도 없이 전쟁을 벌이는 것이나 다름없다"라고 말합니다.

영토적 배상만이 유일한 목적이라고 한 대통령은 몇 달 전에 모든 영토에 덤으로 캘리포니아 남부 지역 전체를 얻고도 우리가 쟁취하고자 했던 모든 것을 차지할 때까지 전쟁을 이어가도록 해달라고 하원에 요청했습니다. 대통령은 어떤 상황에서도 전쟁 비용을 상쇄할 수 있는 만큼의 완전한 영토를 배상받기로 한 것 같습니다. 하지만 전쟁 비용이 멕시코 전 영토의 가치를 넘어선 탓에 더 무엇을 얻을 수 있는지는 말문을 닫고 있습니다. 또한 멕시코라는 독립된 국가가 존속되어야 한다고 주장하면서도 우리가 멕시코의 전 영토를 점령한 후에는 어떻게 그렇게 할 수 있는지 말해주지 않습니다.

여기서 제가 제기하는 문제들이 단순히 추측에 불과한 것이 아니라는 점을 말씀드리기 위해 잠시 시간을 할애하겠습니다. 전쟁은 약 20개월간 계속되었습니다. 그 비용의 대가로 대통령은 현재 멕시코 영토의 약 절반을 요구하고 있습니다. 우리가 그 영토로부터 무엇을 얻을 수 있습니까? 우리에게는 땅을 활용하는 탁월한 능력이 있으며, 이를 고려할 때 사람이 살고 있지 않은 좀더 나은 영토의 절반 땅에 토지관리국을 세워 어느 정도 수익을 올릴 수 있습니다. 하지만 제가 알고 있는 한 멕시코 영토의 나머지 절반에는 이미 많은 사람이 살고 있으며 모든 땅 또는 가치가 있는 땅들은 이미 사유재산으로 점유되어 있습니다.

그렇다면 권리가 설정된 그 땅에서 우리가 무엇을 어떻게 얻을 수 있습니까? 어떻게 그 권리를 박탈할 수 있습니까? 주민들을 죽이거나 쫓아내거나 노예로 삼거나 심지어 그들의 재산을 몰수해야 한다고 주장할 사람은 없을 것입니다. 그러면 상대적으로 열악한 이 영토에서 어떻게 많은 것을 얻을 수 있습니까? 이미 전쟁에 든 비용이 이 나라의 좀더 나은 절반과 같다면, 앞으로 상대적으로 덜 중요한 절반의 가치를 무효로 하는 데에 얼마나 필요할지 따져보는 것은 개인적인 추측이 아니라 우리가 직면한 실제적인 문제입니다. 대통령은 이 문제를 한 번도 생각해보지 않은 것 같습니다.

전쟁을 끝내고 평화를 확보하는 방식에서도 대통령은 여전히 오락가락합니다. 처음에는 그 방안으로 적국의 중요한 지점에서 더욱 강경하게 전쟁을 수행해야 한다는 것을 제시했지만, 절박한 어투로 "승승장구하는 우리 군대도 상쟁하는 파벌들로 인해 분열된 국민, 그리고 세눅된 혁명으로 끊임없이 교체되는 정권과는 만족스러운 평화조약을 체결하지 못할 수도 있다"라고 말합니다. 그런 다음 멕시코인들에게 그 지도자들의 권고를 듣지 말고 우리의 보호를 믿게 함으로써 우리와 만족스러운 평화조약을 맺을 만한 정권을 세우는 회유책을 쓰는 것이 타당하다고 제안합니다. 대통령은 "이것이 평화를 얻는 유일한 방법이 될 수 있다"라고 말합니다. 그러나 대통령은 곧 이 방법도 의심하고 이미 반쯤 포기한 '더 강경한 전쟁의 수행'으로 되돌아갑니다.

이 모두가 대통령이 자신의 입장에 결코 만족하지 못하고 있다는 것을 보여줍니다. 그는 한 가지 입장을 취하고 우리에게 그것을 받아들이라고 설득하다가 곧 그것에서 벗어난 주장을 합니다. 그런 다음 스스로 헷갈려 새로운 입장이 떠오르지 않으면 얼마 전에 포기했던 것을 다시 들고나옵니다. 대통령의 마음은 뜨거운 불판 위에 오른 것처럼 이리저리 뛰어다니기에 바빠 안정을 취할 곳을 찾지 못합니다.

다시 말하지만 대통령의 교서 어디에도 전쟁이 언제쯤 끝날 것으로 예상하는지 언급하고 있지 않다는 것도 기이한 생략입니다. 전쟁 초기에 윈필드 스콧 장군은 서너 달 안에 강화를 이끌어낼 수 없다는 의견을 밝혔으며, 이 때문에 면직되지는 않았지만 대통령에게서 멀어졌습니다. 그로부터 20개월이 지난 지금, 우리의 군대가 가장 눈부신 성공을 거둔 뒤에도, 다시 말해 모든 기관과 부서, 육군과 해군, 장교와 사병, 정규군과 민병대가 인간이 할 수 있는 모든 일과 이전에는 인간이 할 수 없다고 여겨졌던 수백 가지 일을 해낸 뒤에도 대통령은 장문의 교서에서 종전에 대한 구상조차 우리에게 보여주지 못하고 있습니다.

앞서 말했듯이 대통령은 자신이 어디에 서 있는지 모르는 것 같습니다. 대통령은 당혹감과 혼란에 휩싸여 어찌할 바를 모르고 있습니다. 신이여, 부디 대통령의 양심이 정신적 혼란보다 더 비참한 상태에 놓이지 않도록 해주시고, 대통령이 자신의 양심을 우리에게 보여줄 수 있게 도와주소서!

분열된 집은 스스로
설 수 없듯이

일리노이주 공화당 상원의원 후보 수락 연설

1858년 6월 16일 공화당 상원의원 후보에 수락하며 한 연설로, 게티즈버그 연설과 함께 가장 많이 알려져 있다. 비록 낙선했지만, 그는 노예제도 폐지에 대한 의지와 확신에 찬 연설로 2년 뒤 대통령 후보가 된다.

의장님 그리고 이 자리에 참석해주신 여러분, 지금 우리가 어디에 있으며 어디로 나아가고 있는지 알 수 있다면 무엇을 해야 하고 그것을 어떻게 해야 할지 현명한 판단을 내릴 수 있을 것입니다.

노예제도를 확대하려는 여론을 종식하겠다는 확고한 의지와 공약을 내세워 정부의 정책을 착수한 지 5년이 되었습니다. 그 정책을 시행하는 동안 노예제도를 선동하는 여론은 멈추지 않을 뿐만 아니라 오히려 더 거세지고 있습니다. 그들은 "분열된 집은 스스로 설 수 없다"라는 위기가 닥칠 때까지 멈추지 않을 것입니다.

저는 이 나라가 절반은 노예, 절반은 자유인 상태로는 영속할 수 없다고 믿습니다. 저는 연방이 해체되기를 바라지 않습니다. 집이 무너지는 것을 바라지 않습니다. 제가 정말 바라는 것은 연방이 분쟁과 다툼을 멈추는 것입니다. 그 결과는 전체가 어느 한쪽이나 다른 한쪽의 일방적인 승리로 끝날 것입니다. 노예제도 반대자들이 노예제도가 더 확대되는 것을 막고 궁극적으로는 노예제도가 종식되리라 믿고 안도하거나, 노예제도 옹호자들이 노예제도를 계속 확대시켜 신구의 모든 주, 즉 남부와 북부에서 노예제도를 합법화하거나 그중 어느 하나가 될 깃입니다.

현재 상황은 후자로 기울고 있는 것으로 보입니다. 이 말이 의심스럽다면 네브래스카법과 드레드 스콧 판결이 혼합된 거의 완벽한 법률적 결합, 이를테면 하나의 기구를 주의 깊게 살펴보시기 바랍니다. 이 기구가 어떤 목적으로 만들어졌는지, 그리고 얼마나 잘 운영되는지 살펴보시기 바랍니다. 그리고 그 기구가 만들어진 과정을 연구해서 그 기구를 고안한 사람들에게 어떤 의도가 있었는지 추적해보시기 바랍니다.

1854년 초, 노예제도는 절반 이상의 주에서는 주 헌법에 의해, 그리고 대부분의 주에서는 미주리협정이라는 의회의 금지령에 의해 배제되었습니다. 나흘 뒤에는 문제의 법안인 네브래스카법이 상정되어 의회의 금지령은 철회되었습니다. 이에 따라 전국의 모든 주가 노예제도를 받아들여야만 했으며, 이로써 그 기구의 첫 번째 목적이 이루어진 셈입니다.

그러나 그때까지는 의회만 행동에 나설 뿐이었습니다. 이미 달성한 첫걸음을 굳히고 더 많은 기회를 얻으려면 그것이 실제적이든 형식적이든 국민의 지지가 필요했습니다.

예상한 대로 그들은 이 점을 놓치지 않고 '주민주권' 또는 '신성한 자치권'으로 국민의 확인을 얻으려 했습니다. 정부의 유일하고 정당한 근거를 표현하는 용어인 '신성한 자치권'은 그들의 의도에 맞게 심하게 왜곡되어 '한 사람이 다른 사람을 노예로 삼으려 할 때 제삼자는 그것에 이의를 제기할 수 없다'라는 의미로 사용되고 있습니다. 이와 같은 주장은 네브래스카법에 다음과 같이 표현되고 있습니다.

"본 법이 진정으로 의도하고 의미하는 바는 우리나라의 각 주에서 노예제도를 법으로 제정하거나 배제하려는 것이 아니라, 연방헌법에 저촉되지 않는 한 자체적으로 내정상의 제도를 제정하고 규제할 수 있도록 그 주민들을 완벽하게 자유로운 상태로 내버려두는 것이다."

이에 '주민주권' 혹은 '신성한 자치권'을 옹호하는 무책임한 외침이 울려 퍼졌습니다. 반대파는 "이 법안을 수정해서 주의 주민들은 노예제도를 배제할 수도 있다는 점을 명기해 두자"라고 응수했고, 이 법안을 지지하는 쪽은 "그럴 수 없다"라고 답했습니다. 결국 이 수정안은 부결되었습니다.

네브래스카 법안이 의회를 통과하려던 무렵, 한 소송사건이 미주리 지구 합중국 순회법정을 거쳐 상급법원인 미주리 주 대법원에서 심리되고 있었습니다. 이 사건은 한 흑인의 자유에 관한 것으로, 이 흑인의 소유주가 그를 처음에는 자유주로, 다음에는 의회의 금지령이 미치는 주로 데리고 가시 오랫동안 노예로 붙잡아 둔 사선이었습니다. 1854년 5월에 네브래스카 법안과 이 소송사건에 대한 결정이 내려졌습니다. 이 흑인의 이름은 드레드 스콧으로, 이 사건의 최종판결은 그의 이름을 따서 '드레드 스콧 판결'로 불리고 있습니다.

당시 이 사건은 차기 대통령선거를 앞두고 연방대법원에 상고되어 심리되었으나 판결은 선거 뒤로 연기되었습니다. 선거를 앞두고 라이먼 트럼벌 상원의원이 의회에서 네브래스카 법안 옹호파의 수장 더글러스에게 주의 주민이 노예제도를 그들의 땅에서 배제하는 것이 헌법상 가능한지 가능하지 않은지에 대한 의견을 밝혀달라고 요구했을 때, 더글러스는 "그것은 연방대법원에서 결정할 문제"라고 답했습니다.

선거 결과 뷰캐넌 후보가 대통령에 당선됨으로써 사실상 승인을 얻었고 국민의 지지를 확인했습니다. 이로써 제2의 목적을 이룬 셈입니다. 하지만 뷰캐넌은 경쟁자들의 총득표 수보다 40만 표가량 적은 표를 얻었으므로 이 승인은 전폭적인 신뢰를 보장할 만큼 만족스러운 결과가 아니었습니다.

임기가 끝나가는 피어스 대통령은 자신의 마지막 연례교서에서 대단히 인상적으로 국민 앞에 그 승인의 무게와 권위를 다시 한번 강조했습니다. 연방대법원은 재판을 재개했지만, 판결을 내리지 않고 재변론을 명했습니다. 신임 대통령의 취임식이 임박해도 연방대법원은 여전히 판결을 내리지 않았고, 신임 대통령은 취임 연설에서 어떤 판결이 나오더라도 그것을 지지하고 존중해줄 것을 국민 모두에게 간곡하게 호소했습니다. 그로부터 며칠 뒤에 판결이 내려졌습니다.

네브래스카 법안의 유명한 입안자인 더글러스 상원의원은 때를 놓치지 않고 이 의사당에서 연설할 기회를 얻어 드레드 스콧 판결을 지지하는 한편 이 판결에 대한 모든 반대를 격렬하게 비판했습니다. 신임 대통령도 벤저민 실리먼 교수 등으로부터 받은 드레드 스콧 판결에 대한 질문서에 답변하면서, 이 판결을 지지하며 이 문제에는 견해의 차이가 있을 수 없다고 단호하게 밝혔습니다.

마침내 대통령과 네브래스카법을 기초한 더글러스 상원의원 사이에 사소한 언쟁이 벌어졌습니다. 그것은 노예제도를 지지하는 캔자스주에서 제안한 리콤프턴 헌법이 올바른 의미에서 캔자스 주민들이 적극적으로 나서서 제정된 것인지 아닌지에 대한 단순한 사실 확인이었습니다. 이 언쟁에서 더글러스 상원의원은 자신이 바라는 것은 오로지 주민들에게 공정한 투표 기회를 부여하는 것일 뿐 노예제노가 표결로써 부결되든 가결되든 전혀 상관하지 않는다고 공언했습니다.

그가 이처럼 공언한 이유는 이것을 자신의 정책으로 삼아 대중에게 깊은 인상을 각인시킬 의도로 보였습니다. 그는 그 때문에 상당히 고통을 당해왔고 끝까지 고통을 당할 각오가 되어 있다고 말했습니다. 그가 그 신념을 반드시 지키기를 바랍니다. 그가 그 법안에 애정을 느낀다면 그 신념을 절대 무너뜨리지 않기를 바랍니다. 그 신념이야말로 그가 애초에 제시한 네브래스카 선언의 유일한 잔재입니다. 드레드 스콧 판결에 의해 '주민주권론'은 임시 건물처럼 허물어져 형체도 없이 사라졌습니다. 주물 공장의 모래 주형이 한 번 사용되고 나면 원래의 모래로 돌아가는 것처럼 그 신념도 선거의 승리에 이용된 후 폐기되었습니다.

그는 최근에 공화당과 함께 리콤프턴 헌법에 반대하는 투쟁을 하고 있지만, 이 투쟁은 원래의 네브래스카 선언과는 전혀 관련이 없습니다. 그 투쟁은 주민들이 자신의 헌법을 제정할 권리를 갖는다는 논거에 입각한 것으로, 이 논거에서 그와 공화당원들이 의견을 달리한 적이 없습니다.

더글러스 상원의원의 "그것은 전혀 상관하지 않는다"라는 공언은 드레드 스콧 판결과 맞물려 진행 과정에서 한 기구를 만들어냈습니다. 그 기구의 효력은 다음과 같은 내용에 기초합니다.

첫째, 아프리카에서 수입된 흑인 노예와 그 노예의 후손은 연방헌법이 정한 의미에서 어느 주의 시민도 될 수 없다는 것입니다. 이 주장은 "한 주의 시민은 다른 여하한 주에 있어서도 시민의 모든 특권 및 면책권을 가진다"라고 한 연방헌법 제4조 제2항의 혜택을 흑인에게서 완전히 박탈하려는 것입니다.

둘째, '연방헌법에 의해' 연방의회와 각 주의회도 합중국의 주로부터 노예제도를 배제할 수 없다는 것입니다. 이 주장은 개인이 자기 재산인 노예를 잃을 위험 없이 주들을 노예들로 가득 채울 수 있게 함으로써 향후 노예제도를 영속화할 발판을 마련하기 위한 장치입니다.

셋째, 자유주에서 노예 상태에 있는 흑인이 소유주의 의사에 상관없이 자유를 얻을 수 있는지는 연방대법원에서 결정되는 것이 아니라 그 노예가 주인에게 강제로 끌려갔던 노예주의 법원이 결정하도록 맡겨야 한다는 것입니다. 이 주장은 즉각적인 적용을 강요하지는 않지만, 잠시 묵인되었다가 선기 때기 되이 국민의 호응을 얻는다면, 느레드 스콧의 주인이 일리노이 사유주에서 드레드 스콧을 합법적으로 노예를 소유했던 것처럼 모든 노예 소유주가 일리노이를 비롯한 모든 자유주에서 노예를 한 명이든 천 명이든 합법적으로 취할 수 있다는 논리적인 결론으로 이어집니다.

네브래스카 선언 또는 그 잔재는 이와 같은 계책과 기대감을 토대로 노예제도가 부결되든 가결하든 전혀 상관하지 않는다는 여론을 적어도 북부에서 조성하려 하고 있습니다. 이것이 바로 우리가 현재 어디에 있는지, 그리고 우리가 어디로 나아가고 있는지를 보여줍니다.

이미 말씀드린 일련의 역사적 사실을 되돌아보고 되짚어보면 우리가 앞으로 어느 방향으로 나아가려 하는지 분명해질 것입니다. 처음에는 이해할 수 없고 이상하게 여겨졌던 일들이 이후 그 의미가 명백해진 경우가 적지 않습니다. 국민은 '오직 헌법에 의해' '완전하게 자유로울' 수 있어야 했습니다. 당시 당사자가 아닌 사람은 헌법이 국민의 자유와 무슨 관련이 있는지 알 수 없었습니다. 지금 돌아보면 이후 헌법은 드레드 스콧 판결이 나온 후 국민의 완전한 자유란 곧 완전한 부자유라고 하기에 알맞은 무대를 마련해주었습니다.

국민의 권리를 명시적으로 밝힌 수정안이 무슨 이유로 반대파의 힘에 부결되었습니까? 그 수정안이 채택되었다면 드레드 스콧 판결에 영향을 미쳤을 것은 분명합니다. 연방대법원의 판결이 연기된 이유는 무엇입니까? 상원의원의 개인적인 견해 표명조차 대통령선거 뒤로 미뤄진 이유는 무엇입니까? 지금 돌아보면 당시의 발언은 선거에서 승리하는 데에 필요한 '완전한 자유' 논의에 방해가 될지도 몰랐기 때문입니다.

퇴임하는 대통령은 왜 이번 판결의 권위를 재차 강조했습니까? 재심의는 왜 늦어졌습니까? 신임 대통령이 취임 연설에서 판결을 존중하겠다고 말한 이유는 무엇입니까? 이런 일은 기수가 거친 말을 타기 전에 자신을 떨어뜨리지 않을까 두려워 조심스럽게 말을 쓰다듬어 안정시키는 것과 같습니다. 대통령과 다른 사람들은 왜 판결에 대한 사후승인을 서둘렀습니까?

이 모든 일이 사전 협의에 따른 결과라고 단언할 수는 없습니다. 하지만 용도가 다른 목재들이 서로 다른 시간과 장소에서 서로 다른 인부들, 예를 들어 스티븐 더글러스, 프랭클린 피어스, 로저 토니, 제임스 뷰캐넌 등이 만든 것을 볼 때,

이 목재들이 조립되어 훌륭한 집이나 공장의 뼈대가 되고 각각의 목새의 규격이 삭자의 위지에 정확히 맞춰진 것을 볼 수 있습니다. 그리고 목재가 너무 많거나 너무 적지도 않으며, 한 조각이 부족해도 그 조각을 넣을 수 있도록 뼈대의 위치가 정확히 맞게 준비된 것을 볼 때, 그들이 처음부터 서로 이해관계가 있었으며, 네브래스카법이라는 최초의 일격을 가하기 전에 만든 공동 설계나 계획에 따라 함께 작업했다고 믿을 수밖에 없습니다.

네브래스카법에 따르면 주와 주의 국민은 '오직 헌법에 의해' '완전하게 자유로울' 수 있다는 점을 간과해서는 안 됩니다. 물론 주의 주민은 연방헌법을 따라야 하고 그래야 합니다. 그것을 주의 법에 포함한 이유는 무엇입니까? 왜 주의 주민이 이 법률 속에서 똑같이 다루어지고, 헌법에 대한 그들의 관계가 그 법에서는 완전히 같은 것으로 취급받습니까?

드레드 스콧 사건에서 재판장 토니가 밝힌 연방대법원의 판결 이유와 그와 똑같은 태도를 보인 판사들의 개별 의견은 연방헌법이 연방의회나 주의회가 합중국의 모든 주로부터 노예제도를 배제하는 것을 허용하지 않는다고 명시적으로 선언했습니다. 하지만 같은 헌법이 주 또는 그 주의 주민에게 노예제도 배제를 허용하고 있는지는 모두 입을 굳게 다물고 있습니다.

이것은 단순한 생략이었을지도 모릅니다. 하지만 체이스와 메이스가 주의 주민을 위해 네브래스카 법안에 주민은 그 거주 영역에서 노예제도를 배제할 수 있는 무제한의 권력을 갖는다는 선언을 판결 내용에 넣으려 노력한 것처럼 매클레인이나 커티스도 그렇게 했다면 부결되지 않았으리라고 누가 장담할 수 있겠습니까? 넬슨 판사는 노예제도에 대한 주의 권한을 분명히 하려고 노력했으며 그에 가장 근접한 사람이었습니다. 그는 여러 번에 걸쳐 네브래스카 법안의 정확한 개념과 조금도 다르지 않은 생각과 말로 그렇게 하려 했습니다. 그는 이렇게 말했습니다. "연방헌법에 의해 권력이 제한되지 않는 한 주법은 그 영토에서 노예제도 문제에서 대해 가장 우위에 있다."

네브래스카법에서 주의 권한이 어떻게 제한되는지가 해결되지 않은 것처럼 어떤 경우에 주의 권한이 연방헌법에 의해 제한되는지가 커다란 문제로 남아 있습니다. 이런저런 사실을 종합해보면 또 다른 작은 틈새가 생기는데, 이것은 머지않아 연방헌법은 주가 그 영토로부터 노예제도를 배제하는 것올 허용하지 않는다는 판결로 이어질지도 모릅니다.

그런 일이 벌어질 가능성은 충분합니다. "노예제도가 부결되든 가결되든 상관하지 않는다"라는 의견이 대중의 호응을 얻어 그런 판결이 내려진다고 해도 적극 지지하리라 확신한다면 말입니다. 그런 판결이 내려진다면 노예제도가 모든 주에서 똑같이 합법화될 수 있는 길이 열립니다. 좋든 싫든 현 정치권력이 전복되지 않는 한 그런 판결은 가까운 시일 안에 사실로 나타날 것입니다.

미주리 주민들이 그들의 주가 자유주가 될 것이라고 상상하며 편안하게 잠자리에 들었다가 다음날 아침 연방대법원이 일리노이주를 노예주로 만들어버렸다는 청천벽력 같은 소식에 놀라 잠에서 깨어날 것입니다. 노예제도의 국가적 완성을 바라지 않는 사람들 앞에 놓인 급선무는 왕조와 싸워 그것을 쓰러뜨리는 것입니다. 그것이 우리의 의무입니다. 어떻게 하면 그 의무를 가장 잘 해낼 수 있을까요?

우리 곁에는 공공연하게 비난하면서도 더글러스 상원의원이 그 목적을 달성할 수 있는 가장 적합한 인물이라고 은근히 속삭이는 사람들이 있습니다. 그들은 우리에게 큰 소리로 말하지 않았고, 그들도 더글러스 의원이 그런 목적을 달성하려 하는지는 아무 말이 없습니다. 그들이 그렇게 추론하는 것은 그가 현 정부의 수장과 약간 불화가 있으며, 그와 우리가 의견 일치를 보았던 사소한 안건에 그가 요즘 우리 편에 서서 투표를 하고 있다는 점 때문입니다.

그들은 그가 위인이고, 우리 중의 가장 걸출한 인물도 그 앞에서는 보잘것없다고 말합니다. 이 점은 인정하겠습니다. 하지만 성경에 "살아 있는 개가 죽은 사자보다 낫다"라는 말이 있습니다. 그는 이 작품에서 죽은 사자는 아니더라도 적어도 우리에 갇힌 이빨 빠진 사자입니다. 그런 그가 어떻게 노예제도 확대에 반대할 수 있겠습니까? 그는 그런 일에 아무런 관심도 없습니다. 그의 사명은 대중이 노예제도에 무관심해지는 것입니다.

민주당의 더글러스파를 지지하는 한 유력 신문은 아프리카 노예무역의 부활을 막으려면 더글러스의 뛰어난 재능이 필요하다고 주장합니다. 더글러스는 노예무역의 부활이 시작된 것으로 믿고 있을까요? 그는 겉으로는 그렇게 말하지만, 정말 그렇게 되고 있을까요? 그런 일이 실제로 일어나고 있다면 그가 어떻게 노예제도를 반대할 수 있겠습니까? 그는 수년에 걸쳐 흑인 노예를 새로운 주로 데려가는 것이 백인의 신선한 권리라는 점을 입증하려고 노력해왔습니다. 노예를 가장 싸게 실 수 있는 곳에서 노예를 사는 것이 그다지 신성한 특권이 아니라는 것을 그가 입증할 수 있을까요? 물론 노예는 버지니아보다 아프리카에서 싸게 살 수 있다는 것은 두말할 필요가 없습니다.

그는 노예제도에 관한 모든 문제를 단순한 재산권 문제로 축소하는 데에 모든 힘을 기울여 왔습니다. 그런 그가 어떻게 외국과의 노예무역에 반대할 수 있겠습니까? 그런 '재산' 의 거래가 '완전한 자유' 가 되어서는 안 된다고 말할 수 있겠습니까? 국내산 노예를 보호한다는 구실로 노예무역을 거부하는 경우라면 몰라도 그 외의 어떤 이유로는 그가 할 수 있는 일은 아무것도 없습니다. 국내의 노예 생산자들은 그런 보호를 바라지 않을 것이기 때문에 그에게는 반대할 근거가 전혀 없습니다.

더글러스 상원의원은 인간은 어제보다 오늘 더 현명할 수 있으며, 자신이 틀렸다는 것을 깨달으면 당연히 바뀔 수 있다고 주장합니다. 그의 지론은 우리도 알고 있습니다. 그런 이유로 그가 아무런 말도 하지 않았는데 우리가 지레짐작으로 그가 특정한 일에 말을 바꾸리라 추측할 수 있겠습까? 우리의 행동이 그런 막연한 추측에 근거해도 괜찮습니까?

저는 지금까지 단 한 번도 그의 입장을 비방하거나, 그의 동기를 의심하거나, 개인적으로 불쾌감을 줄 행동을 하거나 하려고 생각한 적이 없습니다. 그와 우리가 언제라도 신념에 따라 힘을 합쳐 우리의 위대한 대의가 그의 위대한 능력에 도움받기를 바라며, 둘 사이에 장애물이 끼어들지 않기를 바랍니다. 하지만 지금 그는 우리와 함께 있지 않습니다. 우리 편으로 보이려는 행동도 하지 않고, 우리 편이 되겠다는 약속도 하지 않습니다.

따라서 우리의 과제는 이 대의에 마음을 바친 헌신적인 동지들에게 맡겨야 하며 그들의 힘으로 이루어져야 합니다. 2년 전국의 공화당원은 130만 명 이상이었습니다. 우리는 모든 외적인 상황이 불리해도 공동의 위험에 저항한다는 하나의 목표 아래 뭉쳤습니다. 우리는 서로 잘 알지도 못하고 의견이 일치하지도 않으며 심지어 적의까지 품은 사람들을 한데 모아 조직을 만들었고, 잘 훈련되고 자신감에 넘치는 적의 끊임없는 포화 속에서 끝까지 싸워 왔습니다. 그토록 용감하게 싸웠던 우리가 적이 동요하고 흩어지는 지금 뒷걸음칠 리 있겠습니까? 결과는 의심의 여지가 없습니다. 우리가 굳건히서 있다면 우리는 절대로 지지 않을 것입니다. 현명한 회의는 승리를 앞당길 것이고 실수는 승리를 늦추기도 하겠지만, 머지않아 승리하는 그날이 반드시 찾아올 것입니다.

정의만이 우리의
힘

쿠퍼 유니언 연설

1860년 2월 27일 뉴욕 맨해튼의 쿠퍼유니언대학교 대강당에서 한 연설로, 쿠퍼 인스티튜트 연설로도 알려져 있다. 이 자리에서 그는 노예제도에 대한 자신의 견해를 분명하게 밝히며 동부 지역에까지 인지도를 넓혔다.

존경하는 의장님 그리고 뉴욕 시민 여러분, 오늘 밤 제가 다루려는 내용은 이미 널리 알려진 것들이며 다시 언급한다고 해도 새로운 것은 없습니다. 새로운 것이 있다면 그것은 사실을 말하는 방법과, 이어 말씀드릴 저의 추론과 소견 정도입니다.

《뉴욕타임스》가 전하는 바에 따르면 더글러스 상원의원은 지난가을 오하이오주 콜럼버스에서 한 연설에서 다음과 같이 말했습니다.

"우리의 선조들이 우리가 살고 있는 현재 이 나라의 틀을 만들었을 때, 그들은 이 문제를 지금 우리와 마찬가지로, 아니 우리보다 더 잘 이해하고 있었습니다."

저는 이 말을 전적으로 지지하며 오늘 밤 연설의 주제로 삼고자 합니다. 제가 이것을 언급하는 것은 이것이 공화당원과 더글러스 상원의원이 이끄는 민주당원들 사이에 벌어지는 논쟁의 공통 출발점이기 때문입니다. 여기서 문제가 되는 것은 그가 말한 '이 문제에 대한 우리 선조의 이해'란 무엇인가 하는 것뿐입니다.

이 땅의 국가 조직을 세운 기틀은 무엇입니까? 당연히 '연방헌법'입니다. 연방헌법은 1787년에 제정된 원전헌법과 그

추 제정된 12개그의 수정헌법으로 구성되어 있으나, 수정헌법 중 첫 10개조는 1789년에 제정되었습니다.

헌법을 제정한 우리 선조들이란 누구를 말합니까? 저는 원전헌법에 서명한 39인이야말로 우리 정부의 뼈대를 만든 우리의 선조들이라고 생각합니다. 그들이 헌법을 제정했다고 해도 과언이 아니며, 그들이 당시 전 국민의 의견과 여론을 충분히 반영했다는 점 역시 전적으로 사실입니다. 그들의 이름은 모두가 알고 있고, 그들의 이름을 모르더라도 쉽게 찾아볼 수 있으므로 여기서 반복할 필요가 없을 것입니다.

저는 이 39인을 '현재 이 나라의 틀을 조직한 우리 선조들'이라고 생각합니다. 그렇다면 우리 선조들이 '우리보다 더 잘 이해'하고 있었다는 문제는 무엇입니까? 그것은 연방과 주의 권한 구분이나 헌법의 어떤 조문이 우리의 연방정부에 의해 연방의 영토 내에서 노예제도 단속을 금지하고 있는지 여부입니다.

이에 대해 더글러스 상원의원은 금지하고 있다고 말하고 이에 반해 공화당원은 아니라고 말합니다. 이 긍정과 부정 사이에서 쟁점이 생기는데, 이 문제야말로 우리 선조들이 '우리보다 더 잘 이해'하고 있었다고 분명하게 선언한 부분입니다. 이 39인 중에서 이 문제에 의사표시를 한 사람이 있었는지 살펴보겠습니다. 그런 사람이 있었다면 어떤 의사를 표명했는지, 우리보다 더 잘 이해한 것을 어떻게 표현했는지 살펴봅시다.

헌법이 제정되기 3년 전인 1784년, 당시 합중국의 영토는 북서부 지역뿐으로, 연방의회는 이 영토에서 노예제도를 금지할지 말지에 대한 문제에 직면했습니다. 훗날 헌법을 제정한 39인 중 4명이 그 회의에 참가해서 그 문제에 대해 투표했습니다. 그들 4명 중 로저 셔먼, 토머스 미플린, 휴 윌리엄슨은 노예제도 금지에 찬성표를 던졌습니다. 그들은 연방과 주의 권한 구분을 명시한 연방정부에 의해 연방의 영토 내에서 노예제도 단속을 금지하고 있지 않다고 해석했습니다. 나머지 한 사람인 제임스 맥헨리는 노예제도 금지안에 찬성표를 던지는 것은 부당하다고 생각해서 반대하는 투표를 했습니다.

헌법이 제정되기 이전인 1787년, 연방의회가 헌법제정회의를 개최 중이었고 합중국의 유일한 영토가 북서부 지역뿐이었을 때, 이 영토에서 노예제도를 금지하는 동일한 문제가 다시 연방의회의 의제로 제기되었습니다. 훗날 헌법에 서명한 39인 중 다른 의원 2명이 그 문제에 대해 투표했습니다. 그들은 윌리엄 블런트와 윌리엄 퓨였습니다. 이 2명 모두 노예제도를 금지하자는 쪽에 표를 던졌습니다. 이렇게 그들은 연방과 주의 권한 구분을 명시한 어떤 법령도 연방정부에 의해 연방의 영토 내에서 노예제도 단속을 금지하지 않는다는 해석을 분명하게 밝혔습니다. 이 금지 조문은 오늘날 1787년 조례라고 알려져 있는 법의 일부로 제정되었습니다.

39인 중 누구도 이 문제에 의견을 표명했다는 기록이 남아 있지 않은 것을 보면 원전헌법을 제정하던 당시에 누구도 영토에서 노예제도를 단속하는 연방정부의 권한을 문제 삼지 않은 듯합니다.

1789년에 헌법 제정 후 열린 첫 번째 의회에서 북서부 주에서의 노예제도 금지를 포함한 1787년 조례를 시행하기 위한 법안이 통과되었습니다. 이 법안은 당시 펜실베이니아주 하원의원이었던 토머스 피치먼즈가 39인 중 한 명의 자격으로 발의했습니다. 이 법안은 단 한 건의 반대도 없이 모든 절차를 거쳐 상하 양원을 통과했습니다. 이는 만장일치로 통과한 것이나 마찬가지입니다. 이 의회에는 헌법을 기초한 39인 중 16명이 의원으로 참가했습니다. 존 랭던, 니콜러스 길먼,

윌리엄 S. 존슨, 로저 셔먼, 로버트 모리스, 토머스 피치먼 즈, 윌리엄 퓨, 에이브러햄 볼드윈, 루퍼스 킹, 윌리엄 패터 슨, 조지 클라이머, 리처드 바셋, 조지 리드, 피어스 버틀러, 대니엘 캐럴, 제임스 매디슨이 그들입니다.

이들의 해석에 따르면 연방과 주의 권한 구분을 명시한 어떤 법령이나 헌법의 어떤 조문도 연방정부에 의해 연방의 영토 내에서 노예제도 단속을 금지하지 않습니다. 그렇지 않다면 그들은 자신의 신념을 지키거나 헌법을 지지하겠다는 선서 때문에라도 노예제도 금지에 반대하는 뜻을 취했을 것입니다.

39인 중 한 명인 조지 워싱턴은 당시 합중국의 대통령으로서 이 법안을 승인하고 서명함으로써 법적 효력이 있음을 분명히 했습니다. 그도 연방과 주의 권한 구분을 명시한 헌법의 어떤 조문도 연방정부에 의해 연방의 영토 내에서 노예제도 단속을 금지하고 있지 않다는 것을 분명히 했습니다.

원전헌법이 채택되고 나서 얼마 지나지 않은 1790년, 노스캐롤라이나가 오늘날의 테네시주의 일부에 해당하는 지역을 연방정부에 이양했습니다. 그리고 몇 년 뒤에는 조지아가 오늘날의 미시시피주와 앨라배마주에 해당하는 땅을 이양했습니다. 이 이양에서 노스캐롤라이나와 조지아는 연방정부가 이양된 지역에서 노예제도를 금해서는 안 된다고 조건을 달았습니다. 그리고 노예제도는 이양된 지역에서 실제로 행해지고 있었습니다. 이런 상황에서 의회는 이양된 지역을 관할하면서 그곳의 노예제도를 완전히 금지하지는 않았지만 그곳에서 어느 정도 노예제도에 간섭했으며 규제했습니다.

1798년, 의회는 미시시피주를 창설했습니다. 창설 당시 의회는 미시시피로 노예를 들여오는 것을 금지했으며, 이것을 어기는 자에게는 벌금을 부과하고 들여온 노예에게는 자유를 주었습니다. 이 법률은 찬반양론 없이 상하 양원을 통과했습니다. 이 의회에는 원전헌법을 제정한 39인 중에서 존 랭던, 조지 리드, 에이브러햄 볼드윈 3명이 의원으로 참가했습니다. 아마도 그들은 모두 그 법안에 찬성투표를 했을 것입니다. 그들이 연방과 주의 권한 구분이나 헌법의 어떤 조문에 의해 연방정부가 연방의 영토 내에서 노예제도 단속을 금지하고 있다고 해석했다면 그들의 반대가 분명히 기록에 남았을 것입니다.

1803년, 연방정부는 루이지애나주를 사들였습니다. 이전까지 우리가 획득한 영토는 우리의 주로부터 이루어졌지만 루이지애나는 외국으로부터 획득한 것입니다. 1804년, 의회는 현재 루이지애나주를 구성하는 지역의 일부를 주 조직으로 정했습니다. 그곳에 있는 뉴올리언스는 오래되고 비교적 큰 도시였습니다. 그 외에도 상당 규모의 도시와 마을들이 있었고, 노예제도는 주민들 사이에 광범위하고 깊이 퍼져 있었습니다. 의회는 법으로 노예제도를 금지하지는 않았지만 미시시피의 경우보다 더 광범위한 범위에 걸쳐 노예제도를 규제했습니다. 루이지애나 주법 중에서 노예와 관련된 조항은 다음과 같습니다.

- 어떤 노예도 외국에서 루이지애나주로 수입해서는 안 된다.
- 1798년 5월 1일 이후 합중국에 수입된 노예를 이 주로 데려와서는 안 된다.
- 주인과 정착민으로서 자신이 직접 사용하기 위한 목적 외에는 노예를 이 주로 데려와서는 안 된다.

이상을 위반하는 자에게는 벌금을 부과하고 그 노예에게는 자유를 부여한다.

이 법 역시 찬성과 반대 없이 통과되었습니다. 이 법을 통과시킨 의회에는 39인 중 2명인 에이브러햄 볼드윈과 조너선 데이튼이 의원으로 참석했습니다. 미시시피의 경우에서 언급했듯이 두 사람 모두 찬성표를 던졌습니다. 연방과 주의 권한 구분을 명시한 헌법의 어떤 조항에 저촉된다고 해석했다면 그들은 반대했을 것입니다.

1819년과 1820년에 미주리 문제가 의회에 상정되어 통과했습니다. 상하 양원은 찬반 투표로 일반적인 문제를 비롯해 여러 안건을 표결에 올렸습니다.

39인 중 2명인 루퍼스 킹과 찰스 핀크니가 이 의회의 의원이었습니다. 킹은 항상 단호하게 노예제도에 찬성했고 모든 타협에 반대하는 투표를 한 반면에 핀크니는 단호하게 노예제도 금지에 반대하고 온갖 타협에 반대해서 투표했습니다. 이것으로 킹은 의회가 연방의 주에서 노예제도를 금지하는 것이 연방과 주의 권한 구분과 헌법의 조문에 저촉되지 않는다는 해석을 분명히 했으며, 핀크니는 노예제도 금지 혹은 반대하는 쪽에 투표하면서 거기에는 타당한 이유가 있다고 해석했음을 분명하게 보여주었습니다.

이 사례들은 39인에 속하는 사람들이 행한, 현재 확인된 의사표시 중 제가 말씀드린 주제와 관계있는 것들입니다.

이와 같은 의사표시를 한 사람은 1784년에 4명, 1787년에 2명, 1789년에 17명, 1798년에 3명, 1804년에 2명, 1819년부터 1820년에 2명 등 모두 30명입니다. 하지만 이것은 존 랭던, 로저 셔먼, 윌리엄 퓨, 루퍼스 킹, 조지 리드를 각각 두 번, 에이브러햄 볼드윈은 세 번을 포함해서 계산한 것입니다. 39인 중 실제 행동에 옮긴 것으로 보이는 사람은 23명이며, 나머지 16명은 그 문제에 어떤 의사를 표시했는지는 알 수 없습니다.

이렇게 '이 나라의 틀을 짠' 39인 중 23명이 이 의사를 표시했습니다. 그들은 직무상의 책임과 취임 선서를 바탕으로 "지금 우리와 마찬가지로, 아니 우리보다 더 잘 이해"하고 있다고 확신하는 바로 그 문제에 따라 행동했습니다. 그리고 그들 중 전체 39인의 명백한 과반수인 21명은 그 문제에 대해 연방과 주의 권한 구분, 또는 본인들이 초안을 만들고 지지하기로 맹세한 헌법의 조문이 연방정부에 의해 연방의 영토 내에서 노예제도 단속을 금지하고 있지 않다고 해석했습니다. 그들이 그 반대로 해석하고도 그런 식으로 투표했다면 그들 21명은 심각한 정치적 불법을 행한 것이고 고의적인 위죄지를 범한 셈입니다. 일반적으로 행동은 말보다 중요하며, 그런 책임을 지닌 그들의 행동은 더욱 중요합니다.

23명 중 2명은 의회가 연방의 영토 내에서 노예제도를 금지하는 것에 반대표를 던졌습니다. 그들이 어떤 이유로 반대표를 던졌는지는 알려지지 않았습니다. 그들은 연방정부와 주의 권한 구분 또는 헌법의 어떤 조문이나 원칙에 위배된다고 생각했기 때문에 그렇게 했을 수도 있고 다른 이유가 있어서 그랬을 수도 있습니다.

헌법을 지지하기로 맹세한 사람은 자신에게 제아무리 특별한 이유가 있더라도 위헌적인 법안에는 양심적으로 찬성표를 던질 수 없습니다. 하지만 합헌이라고 여겨지는 법안이라면 자신에게 불리한 것이라도 찬성표를 던질 것입니다. 아니 그렇게 해야만 합니다. 따라서 반대표를 던진 두 사람조차 그들이 이해하기에 연방과 주의 권한 구분이나 헌법의 조문이 연방정부에 의해 연방의 영토 내에서 노예제도가 단속되는 것을 금지하고 있다고 해석했으며, 이 때문에 노예제도 금지에 반대표를 던졌으리라 단언하기는 어렵습니다.

제가 조사한 바에 따르면 39인 중 나머지 16명이 연방정부가 연방의 영토 내에서 노예제도 단속 문제를 어떻게 해석했는지 보여주는 직접적인 기록은 남아 있지 않습니다. 하지만 이 문제에 관한 그들의 해석이 발표되었다면 그것은 동료 23명의 해석과 다르지 않았으리라 믿을 만한 충분한 이유가 있습니다.

문제를 원전헌법에만 한정시키려 했기 때문에 원전헌법을 제정한 39인 이외의 사람들이 어떻게 해석했는지는, 그들이 아무리 유명해도 그것을 특별히 언급하지 않았습니다. 같은 이유로 노예제도에 관한 일반적인 문제들 중 지금의 문제와는 다른 문제에도 39인 중 어떤 사람이 어떤 해석을 표명했는지조차 언급하지 않았습니다. 다른 문제, 예를 들어 노예무역이나 노예제도의 도덕성, 노예정책 문제에 대한 그들의 의사표시나 선언을 살펴본다면 연방정부가 연방의 영토 내에서 노예제도를 금지하는 문제에 관해 16명이 의사표시를 했을 경우 틀림없이 23명과 같은 태도를 보였을 것입니다. 그들 중에는 벤저민 프랭클린, 알렉산더 해밀턴, 거버누 모리스 등 당시 유명했던 노예제도 반대자들도 있었습니다. 그런데 지금까지 노예제도 지지자로 알려진 사람은 한 명도 없으며, 있다고 한다면 사우스캐롤라이나의 존 러틀리지 정도일 것입니다.

이를 총괄해보면 인권헌법을 제정한 39인 중 21명, 즉 대다수는 연방과 주의 권한 구분이나 헌법의 어떤 조문도 연방정부에 의해 연방의 영토 내에서 노예제도 단속을 금지하지 않았다고 해석할 수 있습니다. 21명 이외의 사람들도 모두 똑같이 해석했을 것입니다. 이것이야말로 헌법을 만든 우리 선조들의 해석입니다. 원전헌법은 그들이 이 문제를 '우리보다 더 잘' 이해했음을 확인시켜 줍니다.

지금까지 저는 헌법 제정자들이 이 문제를 어떻게 해석했는지 고찰했습니다. 그리고 이미 언급했듯이 '우리가 살고 있는 국가'라는 현재의 조직은 원전헌법과 그 후 제정되어 채택된 12개조의 수정헌법으로 이루어져 있습니다. 현재 연방정부의 영토에서 노예제도를 단속하는 것은 위헌이라고 주장하는 사람들은 그런 단속이 어떤 조항을 위반하고 있는지 지적합니다.

제가 알고 있는 한 그들은 모두 그것을 원전헌법이 아니라 수정헌법의 조항에 있는 내용을 근거로 삼고 있습니다. 드레드 스콧 사건에서 연방대법원은 "적법한 법률 절차 없이 생명과 자유 또는 재산을 박탈당하지 않는다"라고 규정하는 수정헌법 제5조를, 더글러스 상원의원과 그의 지지자들은 "헌법에 의해 합중국에 위임되지 않은 권한"은 "각각의 주 또는 주민에게 유보된다"라고 규정하는 수정헌법 제10조를 근거로 삼고 있습니다.

이 수정헌법은 원전헌법이 제정된 후 처음으로 열린 의회, 즉 이미 언급한 법을 통과시켜 북서부 지역에서 노예제도 금지를 시행한 동일한 의회에서 구성되었습니다. 같은 의회였을 뿐만 아니라 같은 회기, 같은 시기에 당시 국가가 영유하고 있던 모든 영토에서 노예제도를 금지하는 헌법 개정안과 이 법안을 검토했고, 실제로 완성시키려던 의원들은 모두 같은 인물들이었습니다. 수정헌법은 1787년 조례를 시행하는 법령보다 먼저 상정되어 같은 법령에 뒤이어 통과되었으므로 조례가 계류되는 동안 수정헌법도 계류 중이었습니다.

앞서 언급한 바와 같이 원전헌법을 제정한 사람들 중 16명을 포함해 의회의 의원 76명이 현재 헌법의 일부인 수정헌법의 조항들을 제정했다는 것은 명백합니다. 그런데 그 조항들이 현재 연방정부가 주에서 노예제도를 단속하는 것을 금지하는 근거로 제시되고 있습니다.

지금에 와서 그 의회가 신중하게 제정하고 완성한 두 가지가 서로 일치하지 않는다고 단정하는 것은 그가 누구든 약간은 주제넘은 행동이 아닐까요? 그런 확언이 같은 입에서 나온 다른 확인과 결합할 때, 일관성이 없다고 주장되는 두 가지 일을 한 사람은 그것이 실제로 일관성이 없는지를 우리보다 더 잘 이해하고 있지 않겠습니까? 양자의 모순을 주장하는 사람보다 더 잘 이해하고 있다고 같은 입으로 단정하는 것은 얼마나 터무니없는 일입니까?

39인의 원전헌법 제정자와 76명의 수정헌법 제정의원들을 모두 합치면 틀림없이 '이 나라의 틀을 짠 우리 선조'라고 칭할 수 있는 사람들이 분명히 포함될 것입니다. 따라서 저는 이들 중 한 명이라도 평생 자신의 이해에 따라 연방과 주의 권한 구분이나 헌법의 어떤 조문이 연방정부에 의해 연방의 영토 내에서 노예제도 단속을 금지하고 있다는 해석을 공공연히 선언한 사람은 없다고 믿습니다. 그것을 입증할 수 있는 사람은 없습니다.

한 걸음 더 나아갑니다. 저는 전 세계의 모든 사람들 중에서 금세기 초 이전에, 아니 금세기 후반이 시작되기 이전에 자신의 이해에 따라 연방과 주의 권한 구분이나 헌법의 어떤 조문이 연방정부에 의해 연방의 영토 내에서 노예제도 단속을 금지하고 있다는 해석을 공공연히 밝힌 사람이 있다는 사실을 입증할 사람은 단 한 명도 없다고 분명하게 말씀드립니다. 지금 그런 사실을 공언하는 사람에게 저는 '이 나라의 틀을 짠 우리 선조'를 조사해보고, 헌법이 제정되었을 당시의 사람들 중에서 현재 살아 있는 사람까지 조사해보라고 말하겠습니다. 그들 중 단 한 명도 동의하는 증거를 찾을 수 없을 것입니다.

여기서 오해가 생기지 않도록 조금만 더 주의하겠습니다. 저는 우리 선조가 했던 모든 것을 암묵적으로 따라야 한다고 말하는 것이 아닙니다. 그렇게 하는 것은 현재 경험의 모든 빛을 버리고 모든 진보와 개선을 거부하는 것이기 때문입니다. 제가 말씀드리고 싶은 것은, 어떤 경우에도 우리 선조의 의견과 정책을 대체하고자 한다면 공정하게 고려되고 평가된 그들의 위대한 권위조차 견딜 수 없을 정도로 결정적인 증거와 명확한 논거를 바탕으로 해야 하며, 우리 자신이 그 문제를 그들보다 더 잘 이해했다고 할 경우에는 더욱 그래야 한다는 것입니다.

오늘날 연방정부가 연방의 영토 내에서 노예제도를 단속하는 것이 연방과 주의 권한 구분이나 헌법의 어떤 조문 때문에 금지되고 있다고 진심으로 믿는 사람이 있다면 그는 그렇게 말할 권리가 있으며, 자신이 할 수 있는 모든 진실한 증거와 공정한 논거로 자기 뜻을 관철할 권리가 있습니다. 하지만 그가 역사를 잘 모르면서, 역사를 연구할 여유도 없는 사람들을 현혹해 '이 나라의 틀을 짠 우리 선조'도 같은 생각을 하고 있다고 믿게 해서는 안 됩니다. 이처럼 진실한 증거와 공정한 논거 대신 허위와 기만을 사용한다는 것은 용납할 수 없는 일입니다.

어떤 사람이 '이 나라의 틀을 짠 우리 선조'가 다른 경우에 적용한 원리가 그 사람에게 연방과 주의 권한 구분이나 헌법의 어떤 조문이 연방정부가 연방의 영토 내에서 노예제도 단속을 금지하고 있다고 해석된다고 진심으로 믿는다면 그는 그렇게 말하는 것이 옳습니다. 하지만 동시에 그는 자신이 선조의 원칙을 선조 이상으로 잘 이해하고 있다는 사실을 책임감 있게 밝혀야만 합니다. 특히 선조가 '지금 우리와 마찬가지로, 아니 그보다 더 잘 이해하고 있었다'라는 주장으로 그 책임을 회피해서는 안 됩니다.

이 문제는 이것으로 충분합니다. '이 문제는 이 나라의 틀을 짠 우리 선조가 지금 우리와 마찬가지로, 아니 그보다 더 잘 이해하고 있었다'라고 믿는 사람들은 모든 선조가 말한 것처럼 말하고 이 문제에 대한 선조의 태도를 자신의 태도로 삼아야 합니다. 이것이 공화당이 노예제도에서 요구하는 전부이자 희망하는 전부입니다.

우리도 선조와 마찬가지로 노예제도를 확장해서는 안 되는 악이라고 생각합니다. 하지만 이 제도가 이미 우리 속에 실제로 존재하기 때문에 그 범위 안에서만 이를 묵인하고 보호해야 할 일이라고 생각해야 합니다. 선조가 노예제도에 행한 보장을 전부 진행해 충분히 그리고 공정하게 계속 이어가야 합니다. 공화당은 이를 위해 싸우겠습니다. 그리고 그것을 이루면 공화당은 만족할 것입니다.

남부 사람들이 듣고 있다면, 당연히 듣고 있지 않겠지만, 남부 사람 여러분에게 말씀드리겠습니다. 여러분은 자신을 합리적이고 정의로운 사람이라고 생각하고 있습니다. 저도 이성과 정의의 일반적인 자질 면에서 여러분이 다른 어떤 나라의 국민에 뒤처지지 않는다고 생각합니다. 그런데도 여러분이 우리를 버러지처럼 보거나 무법자라고 비난합니다.

여러분은 해적이나 살인자의 말에는 귀를 기울이겠지만 노예제도를 반대하는 탓에 여러분이 '흑색공화당'이라고 부르는 공화당에는 그렇지 않습니다. 어떤 일이 있어도 흑색공화당을 무조건 비난해야 한다고 생각합니다. 실제로 우리에 대한 비방은 여러분 사이에 없어서는 안 될 필요조건으로, 면허증처럼 보입니다. 잠시 멈추고, 이와 같은 비방이 여러분 자신에게 올바른 것인지 따져보았습니까? 여러분이 하려는 고발과 그 자세한 내용을 분명하게 보여준 다음, 우리가 그것을 부정하거나 긍정하더라도 충분히 인내를 가지고 들어주기 바랍니다.

여러분은 우리가 편협한 지역주의에 빠져 있다고 말합니다. 우리는 그것을 부정합니다. 우리가 그렇다고 입증할 책임은 여러분에게 있습니다. 여러분이 제시하는 증거는 무엇입니까? 그것은 우리 당은 여러분의 지역에는 존재하지 않으며 여러분의 지역에서는 우리가 표를 얻지 못했다는 점입니다. 사실을 있는 그대로 말한다면 그것으로 증명할 수 있습니까? 그렇다면 우리가 신념을 바꾸지 않고 여러분의 지역에서 표를 얻을 경우 우리가 편협한 지역주의에 빠져 있다는 것은 옳지 않습니다. 이 결론은 인정하지 않을 수 없을 것입니다.

여러분이 이런 판정에 승복할까요? 승복한다면 우리는 올해 안에 여러분의 지역에서 표를 얻을 것이므로 우리가 편협한 지역주의에 빠져 있지 않다는 사실을 깨달을 것입니다. 그

때가 되면 여러분이 내세운 증거가 문제에 적합하지 않다는 사실을 깨달을 것입니다. 여러분의 지역에서 표를 얻지 못했다는 사실은 여러분 때문에 발생한 일일 뿐 우리가 바라는 바는 아니었습니다.

이 사실에 결함이 있다면 그것은 여러분의 결함이며, 우리가 어떤 잘못된 신념이나 행동으로 여러분의 반감을 샀다는 사실이 드러나지 않는 한 언제까지나 결함은 여러분의 것입니다. 우리가 어떤 잘못된 신념이나 행동으로 여러분의 반감을 샀다면 결함은 우리에게 있습니다. 이런 식으로 논하다 보면 문제는 여러분이 출발점으로 삼았던 곳으로 되돌아갑니다. 즉 우리 신념의 옳고 그름에 관한 논의를 말하는 것으로, 여러분의 주장은 여기에서 시작해야만 합니다.

우리의 신념이 행동으로 옮겨질 경우 우리 지역의 이익이나 다른 목적을 위해 여러분의 지역에 해를 끼친다면 우리의 신념과 우리 자신도 편협한 지역주의라고 비난받아야 합니다. 지역주의라는 반대와 탄핵을 받아 마땅합니다. 따라서 우리 당의 신념이 실행되었을 경우 여러분의 지역에 부당한 피해를 주는지 피해를 주지 않는지에 논쟁의 중심을 두기 바랍니다. 그때 우리 당에도 할 말이 있다는 사실을 잊지 말고 논쟁에 참여해주기 바랍니다. 여러분은 이 도전을 받아들이겠습니까? 받아들이지 않을 것입니다. 그렇다면 무엇보다도 '이 나라의 틀을 짠 우리 선조'가 명백하게 옳다는 사실과, 취임 때의 선언에 기초해 몇 번이나 언급하고 증명한 원칙은 여러분에게 실제로 명백한 잘못이자 비난받아 마땅한 것이 되고 맙니다.

여러분 중 일부는 워싱턴이 고별 연설에서 한 당파에 대한 경고를 우리 앞에 즐겨 내밉니다. 워싱턴은 그 경고를 하기 8년 전에 합중국의 대통령으로서 북서부 주에서의 노예제도 금지를 시행하는 법안을 승인하고 서명했습니다. 이 법률은 노예 문제에 관한 종전의 정책, 또한 워싱턴이 그 경고문을 기초했을 때의 정책을 구현한 것이었습니다. 그리고 경고문을 기초한 지 약 1년 뒤 그는 라파예트에게 편지를 보내 자신이 그 금지를 현명한 조치라고 생각하며 언젠가는 자유주의 동맹을 이루기를 바란다는 희망을 내비쳤습니다.

이 점을 염두에 두고 같은 문제에서 분파주의는 나중에 생겼다는 사실을 감안한다면, 워싱턴의 그 경고는 우리를 향한 여러분의 무기입니까? 아니면 여러분을 향한 우리의 무기입니까? 워싱턴이 직접 말할 수 있다면, 그는 그런 분파주의의 책임을 그의 정책을 지지하는 우리에게 돌릴까요? 아니면 그것을 거부하는 여러분에게 돌릴까요? 우리는 워싱턴의 경고를 존중하며 그 경고를 올바르게 적용하는 그의 모범적인 적용법도 권하고 싶습니다.

여러분은 보수적이라고 말하지만 우리는 혁명적이고 파괴적이라고 말합니다. 보수주의란 무엇입니까? 새롭고 시도되지 않은 것에 대항해 낡고 시도된 것을 고수하는 것 아닙니까? 우리는 '이 나라의 틀을 짠 우리 선조'가 채용한 정책, 즉 논란의 여지가 있는 노예제도에 관한 예전의 정책을 고집하고 있으며 그것을 위해 싸우고 있습니다. 그런데 여러분은 한마음으로 이 예전의 정책을 거부하고, 무시하고, 침을 뱉고, 다른 새로운 것으로 대체하자고 주장합니다.

사실 여러분은 그 대체물이 무엇인지 의견 일치를 보지 못했습니다. 여러분은 새로운 제의와 계획에는 의견이 분분하지만, 선조가 시작한 예전의 정책은 모두가 거부하거나 비난하고 있습니다. 여러분 중 일부는 해외로부터 노예 수입을 부활시키고, 일부는 주에 대한 의회의 노예법을 제정하고, 일부는 주 내에 노예제도를 금지하는 것을 연방법으로 금지하려 하고, 일부는 사법권으로 주 내에 노예제도를 유지해야 한다고 주장합니다. 일부는 "한 사람이 다른 사람을 노예로 삼는다면 제삼자는 반대해서는 안 된다"라는 '주민주권'을 주장하지만, 우리가 살고 있는 국가를 세운 우리 선조의 관행에 따라 연방정부에 의해 연방의 영토 내에서 노예제도가 금지되는 것에 찬성하는 사람은 없습니다. 여러분의 다양한 계획 중 어느 것도 그 선례나 선창자를 보여줄 수 없습니다. 보수주의의 주장과 우리를 향한 비난이 명백하고 틀림없는 사실을 기반으로 하고 있는지 생각해주기 바랍니다.

여러분은 우리가 여러분의 노예들 사이에서 폭동을 선동했다며 우리를 고발했습니다. 우리는 이것을 부정합니다. 여러분이 내세우는 증거는 무엇입니까? 하퍼즈페리 사건입니까? 아니면 존 브라운입니까? 존 브라운은 공화당원이 아니었습니다. 여러분은 하퍼즈페리 계획에 연루된 단 한 명의 공화당원도 찾아내지 못했습니다. 우리 당원 중에서 그 계획에 가담한 사람이 있었다면 여러분은 그 사실을 알고 있었을 것입니다. 알고 있다면 어째서 그 사람이 누구인지 지명하거나 사실의 증거를 대지 않습니까? 모른다면 여러분이 사실로 밝히려 노력했지만 실패한 뒤에도 여전히 이 주장을 고집했다는 점에 변명의 여지가 없습니다. 사실이 아닌 것으로 밝혀진 주장을 계속하는 것은 악의적인 비방에 불과하다는 점을 명심해야 합니다.

여러분 중에서 일부는 공화당원이 하퍼즈페리 사건을 의도적으로 돕거나 부추긴 적이 없다는 사실을 인정하면서도 여전히 우리의 신념과 선언이 그런 결과를 불러올 것이라고 주장합니다. 우리는 그런 일은 없을 것이라고 믿습니다. 우리는 '이 나라의 틀을 짠 우리 선조'가 고수하거나 선언하지도 않은 원칙을 고수하거나 선언하지도 않습니다.

이 사건과 관련해서 여러분은 우리를 결코 공정하게 보고 있지 않습니다. 이 사건이 발생했을 때 중요한 국가적 선거가 코앞에 다가왔고, 여러분은 우리에게 책임을 돌리면 선거에서 유리한 고지를 점할 수 있다는 믿음으로 기뻐했습니다. 선거가 다가왔지만 여러분의 기대는 충족되지 않았습니다. 모든 공화당원은 적어도 여러분의 비방이 중상모략이라는 것을 알고 있었습니다. 그 때문에 여러분에게 투표할 마음이 사라졌습니다.

공화당의 신념과 선언은 언제나 노예에 대한 모든 간섭에 항의했으며 노예에게 행해지는 여러분의 간섭에 항의해왔습니다. 이것은 노예를 선동해서 모반을 일으키려는 것이 아닙니다. '이 나라의 틀을 짠 우리 선조'와 마찬가지로 우리는 노예제도를 부정한다는 신념을 분명히 하시만 노예들은 우리의 외침을 들을 수조차 없습니다. 우리가 어떤 말과 행동을 해도 그들은 공화당이 있다는 사실을 거의 알지 못할 것입니다. 여러분이 그들 앞에서 우리를 비방하지 않는 한 그들은 공화당을 알지 못할 것입니다. 여러분 사이의 정치적 논쟁에서 각 파벌은 흑색공화당에 동조한다고 상대방을 비난하고, 그 비난의 근거를 제시할 목적으로 흑색공화당을 노예 속에 폭동, 유혈, 소란을 일으키려는 당이라고 했습니다.

노예의 폭동은 공화당이 조직되기 전보다 지금 더 많이 일어나고 있지 않습니다. 하퍼즈페리 사건보다 적어도 세 배나 많은 사망자를 낸 28년 전 사우샘프턴 폭동의 원인은 무엇이었습니까? 사우샘프턴이 "흑색공화당 때문에 일어났다"라는 결론은 내리지 못할 것입니다. 현재 합중국 상황에서 전국적인 노예 폭동은 물론 매우 광범위한 노예 폭동은 가능하지 않습니다. 폭동을 일으키려면 사전에 협의한 후 행동에 나서야 하는데 그렇게 하지 못하기 때문입니다. 노예는 신속하게 연락을 취할 수단을 갖고 있지 않으며, 흑인이든 백인이든 자유인 선동자가 그 수단을 제공할 수도 없습니다. 폭발물은 곳곳에 놓여 있지만 그것을 연결하는 데에 필수적인 도화선은 없거나 그것을 준비할 수도 없습니다.

　남부 사람들은 노예가 주인 내외를 얼마나 사랑하는지 자랑하곤 하는데, 적어도 그중 일부는 진실입니다. 폭동 계획을 세워 행동으로 옮기기 전에 그중 한 명이 사랑하는 주인이나 안주인의 생명을 구하기 위해 그 계획을 누설하는 경우가 많습니다. 아이티의 노예 혁명도 특수한 상황에서 발생했을 뿐 특별히 예외적인 사건은 아니었습니다. 영국의 폭발 음모 사건도 노예와 관계는 없지만 매우 적절한 예입니다. 이 사건에서는 약 20명만이 비밀 모임에 참가했지만 그중 한 사람이 친구를 구하기 위해 친구에게 계획을 말했고, 그 결과 참사를 미리 막을 수 있었습니다.

　주방에서 섞어 놓은 독에 의한 독살 사건, 공공장소에서의 살해나 암살, 20명 정도에 의한 지역적인 폭동 등은 노예제도의 자연스러운 결과로 계속 일어날 것입니다. 하지만 제가 생각하는 한 노예들의 전국적인 폭동은 앞으로도 오랫동안 이 나라에서 일어나지 않을 것입니다. 그런 사건을 크게 두려워하거나 기대하는 사람은 모두 실망할 것입니다.

　제퍼슨이 예전에 한 말 중에 이런 내용이 있습니다.

"노예 해방과 노예의 국외 추방을 평화롭게 해나갈 힘은 우리의 손에 있습니다. 이 나쁜 제도는 눈에 띄지 않게 아주 서서히 우리가 깨닫지 못하는 사이에 소멸할 것입니다. 그리고 그 자리는 백인 노동자들로 채워질 것입니다. 반대로 이 나쁜 제도가 강행된다면 인간의 본성은 앞날의 암담함에 전율할 수밖에 없을 것입니다."

제퍼슨은 노예를 해방시킬 권한이 연방정부에 있다고 말하려는 의도가 아니었으며 저 역시 마찬가지입니다. 그는 버지니아에 대해 말했고, 저는 노예 해방의 권한 문제를 노예제도가 퍼져 있는 주에만 한정해서 말하고 있는 것입니다. 하지만 우리가 언제나 주장하듯이 연방정부는 노예제도의 확장을 억제할 힘을 가지고 있습니다. 즉 합중국 국토 중에서 노예제도가 시행되고 있지 않은 곳에서는 노예 폭동이 결코 일어나지 못하도록 하는 힘을 가지고 있습니다.

존 브라운이 하려 했던 노력은 특수한 것이었습니다. 그것은 노예 폭동이 아니었습니다. 백인이 노예에게 폭동을 일으키라고 시도했으나 노예가 참여를 거부했습니다. 사실 너무 터무니없는 일이었기 때문에 무지한 노예들도 성공할 수 없다는 것을 명확하게 알고 있었습니다. 이 사건은 역사적으로 제왕 암살 음모와 일치합니다. 한 열광자가 압제하에 있는 사람들을 해방시키는 것이 자신에게 주어진 천명이라고 착각했습니다. 그는 그 계획을 감행하지만 결국 자신이 처형당하는 것으로 끝납니다. 루이 나폴레옹 암살을 위한 펠리체 오르시니의 계획과 하퍼즈페리 습격에서의 존 브라운의 계획은 그 주지가 정확히 동일합니다. 잉글랜드를 혼란에 빠뜨리려는 전자의 사건과 새로운 잉글랜드를 혼란에 빠뜨리려는 후자의 사건이 동일하다는 사실을 반증하는 것은 아닙니다.

  존 브라운이나 남부 지역 백인들을 옹호한 힌턴 R. 헬퍼 등을 이용해 공화당 조직을 분열시킨다면 얼마나 도움이 되겠습니까? 인간의 행동은 어느 정도 바꿀 수 있지만 인간의 본성은 바꿀 수 없습니다. 이 나라에는 노예제도에 반대하는 여론이 있으며, 그 여론에 찬성하는 이들은 적어도 150만 표에 이릅니다. 그 여론에 가담한 우리 당의 조직을 분열시킨다고 해도 그 여론과 감정을 파괴할 수는 없습니다. 질서정연하게 대열을 갖춘 군대는 아무리 포화를 퍼부어도 흩뜨릴 수는 없습니다.

  그것이 가능하다고 해도 그 세력을 일으킨 여론을 투표함이라는 평화로운 통로에서 다른 통로로 강제로 몰아낸들 얼마나 많은 것을 얻을 수 있겠습니까? 그 다른 길이 대체 무슨 도움이 되겠습니까? 그렇게 해서 존 브라운의 수가 줄어들거나 늘어나겠습니까?

여러분은 헌법에 보장된 권리의 부정에 굴복당하기보다는 연방을 해체하는 편이 낫다고 말하고 있습니다. 이것은 무모한 말처럼 들립니다. 하지만 헌법에 명시된 권리를 단순히 숫자의 힘으로 박탈하자고 제안한다면 그것은 충분히 정당한 행위는 아니더라도 변명거리는 될 수 있을 것입니다. 하지만 우리는 그런 계획을 궁리하지 않습니다.

여러분이 그런 것을 선언할 때, 여러분은 노예를 연방 안으로 데려와 재산으로 보유하는 것을 헌법상 권리라고 제 마음대로 해석한 것에 불과합니다. 그런 권리는 헌법에 구체적으로 명시되어 있지 않습니다. 헌법은 그런 권리에 침묵하고 있습니다. 우리는 그런 권리가 헌법에는 없다고 단언할 수 있습니다.

솔직하게 말하면 여러분의 목적은 여러분과 우리 사이의 모든 논쟁에서 여러분 마음대로 헌법을 해석해서 강행할 수 없다면 국가를 파괴하겠다는 것입니다. 여러분은 모든 사건에서 여러분이 통치하거나 아니면 멸망만이 있을 뿐이라고 주장합니다.

솔직하게 말하면 이것은 여러분의 말입니다. 여러분은 연방대법원이 논쟁 중인 헌법 문제를 여러분에게 유리하게 결정했다고 말할 것입니다. 그렇지 않습니다. 판사의 판결과 의견은 법적으로 구별되며, 이 구별을 차치하더라도 연방대법원은 어떤 이유를 가지고 여러분에게 유리하게 문제를 결정했습니다. 연방대법원은 노예를 연방 주에 데리고 와서 거기서 재산으로 소유하는 것은 여러분의 헌법상의 권리라고 밝혔습니다.

제가 이렇게 말하는 것은 그 결정이 일치된 견해가 아니었으며 판사들의 다수결에 의해 간신히 결정되었다는 사실, 게다가 그들은 그 판결을 내린 이유에 서로 의견을 달리하고 있었다는 사실, 그리고 그 판결을 지지하는 사람들도 판결의 의미를 서로 다르게 해석하며, 더구나 그것이 사실에 대한 잘못된 공술, 즉 판결 중의 "노예를 재산으로 소유하는 권리는 헌법에 명확하고 명백하게 확인된다"라는 견해에 주로 근거해서 이루어졌다는 것을 의미합니다.

헌법을 살펴보면 노예를 재산으로 소유할 권리는 '명확하고 명백하게 확인' 되어 있지 않다는 것을 알 수 있습니다. 판사들이 그런 권리가 헌법 속에 포함된 권리로 인정된다는 판사들의 의견을 맹세한 것이 아니라 헌법 속에 '명확하고 명백하게' 주장된 것이 사실이라고 맹세했다는 점을 잊어서는 안 됩니다. 즉 '명확하고'란 다른 어떤 것과도 혼동되지 않는다는 뜻이며, '명백하게'는 다른 추론을 할 필요도 없고 다른 의미로 받아들여질 염려가 없다는 맹세입니다.

판사들이 단지 노예를 소유할 권리는 헌법에 포함된 권리로 인정된다는 판사로서의 의견만 맹세했을 뿐이라면 다른 사람들이 다음과 같은 점을 지적할 여지가 없을 것입니다. 헌법에는 '노예'나 '노예제도'라는 단어도 없으며, 노예 재산 혹은 노예제도에 관련해서 '재산'이라는 말도 없으며, 헌법 속에서 노예가 언급되는 곳에서는 그를 '사람'이라고 부르고 있으며, 그 노예에 대한 주인의 법적 권리가 언급되는 곳에서는 '복역 또는 노동에 임할 의무가 있는 자'라고 언급됩니다. 또한 당시 역사를 살펴보면 노예와 노예제도를 막연하게 언급한 것은 의식적으로 인간에 대한 재산권이 있을 수 있다는 관념을 헌법에서 배제하려고 의도적으로 사용되었음을 알 수 있습니다.

이 모든 것을 밝히는 것은 간단하고 틀림없이 가능한 일입니다. 판사들이 이 분명한 오류를 깨닫는다면 그들이 자신의 잘못된 원칙을 철회하고 오류로 인한 결론을 재심리하리라 기대하는 것이 합리적이지 않습니까?

그리고 다음으로 잊지 말아야 할 것이 있습니다. 그것은 '이 나라의 틀을 짠 우리 선조', 즉 헌법 제정자들이 이와 같은 헌법상의 문제를 우리에게 유리하게 결정했다는 것입니다. 그 결정을 내릴 때 그들 사이에 분열은 없었으며, 증거가 남아 있는 한 그 결정이 잘못된 사실 진술에 근거하지 않았다는 것을 잊지 말아야 합니다.

이 모든 사정에도 불구하고 여러분은 그런 법원의 결정이 결정적이고 최종적인 정치적 행동 규범으로 엄수되지 않는다면 지금 이 나라를 해체해도 됩니까? 여러분은 공화당원이 대통령에 당선되는 것을 용인하지 않을 것입니다. 그런 일이 벌어진다면 연방을 해체할 것이라고도 말합니다. 연방이 해체된 잘못은 우리에게 있다고 말할 것입니다. 그것은 강도가 눈앞에 총을 들이대며 "돈을 내놓지 않으면 죽이겠다. 죽여도 살인자는 너다"라고 속삭이는 것과 무엇이 다릅니까?

틀림없이 강도가 나에게 요구한 돈은 내 것입니다. 나는 그것을 지킬 분명한 권리가 있습니다. 하지만 나의 투표권이 내

것이 아니라고 해서한 수 있는 것처럼 ㄱ 돈은 내 것이 아니라고 해석할 수 있습니다. 내가 가진 돈을 갈취하기 위해 죽이겠다고 위협하는 것과 나의 투표권을 앗아가기 위해 연방을 해체하겠다는 위협은 원리상 다르지 않습니다.

이제 공화당원들에게 한마디 하겠습니다. 이 위대한 연합국을 구성하고 있는 모든 주의 상호 평화적인 화합은 지극히 바람직합니다. 우리 공화당원들은 그렇게 되도록 온 힘을 다해야 합니다. 비록 많은 도발이 있더라도 격앙이나 분노에 휩싸여 행동하지 말아야 합니다. 남부 사람들이 우리가 하는 말을 들으려 하지 않을지라도 우리는 그들의 요구를 고려하고, 우리의 의무를 신중하게 생각하며, 가능하다면 그들의 의견을 받아들이도록 노력해야 합니다. 그들의 모든 말과 행동, 그리고 그들이 반대하는 논거에 따라 판단해서 가능한 한 그들을 만족시킬 수 있는 것이 무엇인지 결정합시다.

주가 무조건적으로 그들의 요구대로 이루어진들 그들이 만족하겠습니까? 우리는 그들이 만족하지 않으리라는 것을 알고 있습니다. 현재 우리에 대한 그들의 모든 불만 중에 영토에 대한 언급은 어디에도 없습니다. 그들이 불만스러워하는 것은 침해와 폭동입니다. 앞으로도 우리가 침해나 폭동과 아무 관련 없다면 그들이 만족하겠습니까? 그렇지 않으리라는 것을 우리는 알고 있습니다. 우리는 애초부터 침해나 폭동과는 아무런 관련이 없다는 사실을 알고 있기 때문입니다. 그런데도 그들의 비난과 배격을 멈추지 않고 있습니다.

그렇다면 무엇이 그들을 만족하게 할 수 있겠습니까? 바로 이것입니다. 우리는 그들을 간섭해서는 안 되며, 우리가 그들을 간섭하지 않는다는 점을 믿게 해야 합니다. 우리는 경험으로 이것이 결코 쉬운 일이 아니라는 것을 알고 있습니다. 우리는 우리 당이 창당한 이후부터 그들을 이해시키려 노력해왔지만 성공하지 못했습니다. 모든 정강과 연설로 그들에게 간섭하지 않겠다고 밝혔지만 그들을 설득하는 데는 아무런 도움이 되지 못했습니다. 우리 중 누구도 그들을 방해하지 않았다는 사실조차 그들을 이해시키는 데는 아무런 도움도 되지 않았습니다.

이처럼 자연스럽고 적절한 수단이 모두 실패했다면 무엇으로 그들을 이해시킬 수 있겠습니까? 오직 한 가지 방법밖에 없습니다. 노예제도를 부당하다고 말하지 않는 것, 그리고 그들과 목소리를 합쳐 노예제도는 정당하다고 말하는 것입니다. 그리고 이것은 말뿐만 아니라 행동으로도 이루어져야 합니다. 침묵으로는 인정받을 수 없습니다. 우리는 그들의 주장에 동의하고 그들의 행동에 가담해야 합니다. 더글러스 상원의원의 새로운 치안법이 제정되어 시행되지 않으면 안 됩니다. 그렇게 함으로써 정치적이든, 언론이든, 연단에서든, 사석에서든 노예제도가 부당하다는 목소리를 억압해야 합니다. 우리는 악의에 찬 미소로 도주 노예를 체포해서 그 주인에게 돌려보내야 합니다. 우리의 자유주의 헌법을 모두 파기해야만 합니다. 노예제도에 반대하는 모든 더러움에 물든 공기를 소독해야 합니다. 그렇게까지 하지 않으면 그들은 자신이 받는 모든 재앙이 우리 때문에 생겼다는 신념을 버리지 않을 것입니다.

저는 그들이 이런 식으로 자신의 주장을 정확하게 말하지 않는다는 것을 잘 알고 있습니다. 그들 대부분은 우리에게 "우리를 간섭하지 말고, 우리에게 아무것도 하지 말고, 노예제도는 마음대로 말해도 상관하지 않는다"라고 말할 것입니다. 우리는 그들을 간섭하지 않았고 방해하지도 않았습니다. 우리가 한 말 때문에 불쾌한 것입니다. 그들은 우리가 말을 멈출 때까지 계속해서 우리를 비난할 것입니다.

저는 그들이 아직 자유주의 헌법 파기를 요구하지 않았다는 사실도 알고 있습니다. 하지만 그 헌법은 노예제도를 반대하는 다른 어떤 말보다 더 엄숙하게 노예제도의 부당함을 밝히고 있습니다. 노예제도를 반대하는 목소리가 침묵하면 다음에는 헌법을 파기하라고 요구할 것입니다. 그때 그 요구에 저항할 힘은 아무것도 남아 있지 않을 것입니다. 그들이 지금 요구하지 않는다고 해서 그들이 그런 마음을 품고 있지 않다고 볼 수는 없습니다. 그들은 목적을 관철하기 전까지 절대 멈추지 않을 것입니다. 노예제도가 도덕적으로 정당하고 사회적으로 환영할 일이라면, 그들처럼 우리도 노예제도를 법적 권리이자 사회적 축복으로 전국적인 승인을 요구해야 하며, 그 요구를 결코 멈출 리 없습니다.

노예제도가 부당하다는 신념이 아니라면 그 어떤 이유로도 정당하게 이를 막을 수 없습니다. 노예제도가 정당하다면 이에 반대하는 모든 말과 행위, 법률, 헌법은 그 자체로 잘못된 것이므로 침묵하고 일소해야 합니다. 노예제도가 정당하다면 우리는 노예제도의 보편성에 반대할 수 없고, 노예제도가 부당하다면 노예제도의 확장과 확대를 주장할 수 없습니다. 우리가 노예제도가 정당한 것으로 생각한다면 그들이 요구하는 모든 것을 기꺼이 받아들일 수 있습니다. 그들이 노예제도가 부당한 것으로 생각한다면 우리가 요구하는 모든 것을 기꺼이 받아들일 것입니다.

모든 논쟁은 그들이 정당하다고 생각하는 것과 우리가 부당하다고 생각하는 것에서 비롯되고 좌우됩니다. 그들이 그것을 정당하다고 생각한다면 그 정당함을 요구하는 것은 비난할 수 없습니다. 하지만 우리가 그것이 부당하다고 생각하고 있는데 그들의 견해에 따를 수 있습니까? 그들의 견해에 따라 투표할 수 있습니까? 우리의 도덕적, 사회적, 정치적 책임을 고려할 때 그렇게 할 수 있습니까?

우리는 노예제도가 부당하다고 생각하지만, 노예제도가 현존하고 있으며 그에 따른 필요 때문에 어쩔 수 없이 노예제도를 그대로 둘 수도 있습니다. 하지만 투표에 의한 힘으로 노예제도를 막을 수 있는데도 불구하고 노예제도가 여러 주로 확장하거나 자유주에 있는 우리까지 압도하도록 내버려두어야 합니까?

우리의 사명감이 이것을 용납하지 않는다면 두려워하지 말고 우리의 의무를 지켜야 합니다. 정당함과 부당함 사이를 오가는 교묘한 술책에 휘둘리지 말아야 하며, 그 사이를 오가는 것은 산 것도 죽은 것도 아닌 사람을 찾는 것만큼이나 헛된 일입니다. 이것은 모든 진실한 사람들이 관심을 두는 문제에 '상관하지 않는다' 거나 연방이라는 이름을 내세워 진정한 연방주의자가 반연방주의자들에게 굴복하라고 요구하는 것과 같습니다. 신의 진리를 뒤엎고 죄인이 아닌 의로운 사람을 불러 회개시키려는 것과 같은 음모입니다. 이것은 워싱턴에게 호소하면서도 사람들에게 워싱턴이 한 말을 믿지 말고 그의 업적을 뒤엎으라고 요구하는 것과 같습니다.

우리에 대한 그릇된 비난을 듣더라도 그 때문에 우리의 의무를 저버리지는 맙시다. 연방정부를 해체하겠다거나 우리를 감옥에 보내겠다는 위협에 두려워하지 맙시다. 정의는 그 무엇으로도 막을 수 없다는 신념으로 우리가 알고 있는 우리의 의무를 끝까지 수행합시다.

스프링필드를
떠나며

스프링필드 작별 인사

링컨은 1837년부터 1861년까지 일리노이주 스프링필드에서 보냈다. 1861년 2월 11일, 대통령에 당선된 후 대통령 업무를 위해 스프링필드를 떠나기 전, 스프링필드 기차역 광장에서 주민들에게 작별인사를 했다.

여러분, 저와 같은 입장에 서본 적이 없으신 여러분은 이별을 앞에 둔 저의 슬픔을 이해하지 못하실 것입니다. 이 땅과 이곳 사람들의 친절 덕분에 지금의 제가 있으며 모든 것을 빚지고 있습니다. 저는 이곳에서 25년을 살았습니다. 이곳에서 제 아이들이 태어났으며 그중 한 아이는 이 땅에 묻혔습니다.

이제 저는 이곳을 떠납니다. 워싱턴에 가서 수행해야 할 일이 너무도 막중하기에 언제 다시 돌아올지는 확실하지 않습니다. 신의 도움 없이는 저는 성공할 수 없을 것입니다. 신의 가호가 있다면 저에게 실패는 없을 것입니다.

저와 함께 가고 여러분과 함께 계시며 모든 곳에 영원히 함께하시는 신을 믿고, 신의 가호로 모든 것이 잘되리라 확신합니다. 여러분을 신의 손에 맡기며, 여러분도 기도로 저를 신께 맡겨주시기를 바라며 진심 어린 작별인사를 드립니다.

죽는 날까지 지키고
싶은 것

독립기념관 연설

1861년 2월 22일 필라델피아의 독립기념관에서 한 즉석연설로, 필라델피아시 의장의 환영 인사에 대한 화답으로 이루어졌다. 이날 링컨은 새로 독립한 캔자스를 상징하는 별 하나가 추가된 새로운 성조기를 게양했다.

지혜와 애국심, 신념에 대한 헌신이 한데 모인 이곳, 우리가 살고 있는 제도가 탄생한 이곳에 서게 되어 감격스럽습니다. 여러분은 현재의 혼란스러운 평화를 회복시키는 임무를 제게 맡겨주셨습니다. 이에 대한 화답은 지금 우리가 서 있는 이 기념관에서 비롯되어 세상에 부여되었던 바로 그 사상을 저의 능력이 닿는 대로 끌어온 것이라고 믿습니다. 정치적으로 저는 독립선언서에 담겨 있는 가치를 잊은 적이 단 한 번도 없습니다.

저는 이곳에 모여 독립선언서를 작성하고 채택했던 분들이 겪은 위험에 대해 종종 생각했습니다. 또한 독립을 성취한 장교와 병사들이 견뎌낸 노고에 대해서도 깊이 생각했습니다. 저는 이 연방을 그토록 오랫동안 하나로 묶어주었던 위대한 신념이나 사상이 무엇인지 스스로에게 자주 물었습니다. 그것은 식민지와 모국에서 분리되었다는 단순한 사실 때문에 이 나라가 국민들에게 자유를 부여했을 뿐만 아니라 전 세계의 미리 세대에게 부여하고자 했던 독립선언서의 정신 덕분이었습니다.

머지않아 모든 사람의 어깨를 짓누르고 있던 무거운 짐이 사라질 것이며, 모두에게 동등한 기회가 부여될 것이라고 약속했던 것도 독립선언서였습니다. 이것이 독립선언서에 담긴 정신입니다.

여러분, 그 토대 위에서 우리나라를 구할 수 있을까요? 그 것이 가능하다면, 그리고 제가 그것을 구하는 데에 도움이 될 수 있다면 저는 이 세상에서 가장 행복한 사람일 것입니다. 그 신념에 입각해 이 나라를 구할 수 없다면 끔찍한 일이 될 것입니다. 그 신념을 포기하지 않는 한 이 나라를 구할 수 없을지라도 저는 그 신념을 포기하느니 이 자리에서 암살당하는 쪽을 택하겠습니다.

저는 현재의 정국이 유혈사태나 전쟁이 필요하지 않다고 생각합니다. 폭력은 필요도 없습니다. 저는 그런 방식을 찬성하지 않습니다. 정부의 자위권이 불가피하게 발동해야 하는 상황이 발생하지 않는 한 유혈 사태는 없을 것이며, 정부를 상대로 폭력을 행사하지 않는 한 정부가 무력을 사용하는 일은 없을 것입니다.

여러분, 이것은 저로서는 전혀 예상하지 못한 연설입니다. 저는 이곳에 올 때 여러분 앞에서 이렇게 말씀드리게 되리라고는 예상하지 못했습니다. 그저 국기만 게양하면 된다고 생각했을 뿐입니다. 제가 본의 아니게 경솔한 발언을 했는지도

모르겠습니다만, 저는 제가 살아 있는 한 지키고자 하는 것,
신의 뜻에 따라 죽는 그 순간까지 지키고 싶은 것만 말씀드렸
습니다.

모두가 나아갈
길

제1차 대통령 취임 연설

1861년 3월 4일, 미국 국회의사당에서 열린 제16대 대통령 취임식에서 행한 연설이다. 링컨은 이 연설에서 국민의 정체성과 애국심을 바탕으로 미국 연방을 분열로부터 막기 위한 자신의 단호한 의지를 천명했다.

국민 여러분, 저는 우리나라의 건국과 함께 시작된 오랜 관례에 따라 여러분 앞에서 취임 연설을 하고 연방헌법에 따라 대통령 직무를 수행하기 전의 절차인 선서를 하려고 합니다.

현재 행정상 드러난 문제들 중에서 특별히 우려할 필요가 없고 우려할 일도 아닌 일은 이 자리에서 굳이 언급하지 않겠습니다.

공화당이 집권함으로써 남부 주의 사람들은 자신의 재산과 평화와 개인적 안전이 위협받았다며 두려워할 것입니다. 그것은 아무런 근거가 없는 두려움일 뿐입니다. 오히려 안심해도 좋을 만한 충분한 증거가 있으며 언제라도 확인할 수 있도록 공개되어 있습니다. 그중 하나가 바로 지금 여러분 앞에 선 저의 모든 공적인 연설문입니다. 그중 한 연설문에서 저는 분명하게 말씀드렸습니다.

"노예제도가 퍼져 있는 주의 제도에 직접적이든 간접적이든 간섭할 의도가 없으며, 저에게는 그렇게 할 법적 권리가 없다고 생각하며, 그렇게 할 마음도 없습니다."

저를 대통령으로 지명해서 선거를 도와준 사람들이라면 제가 이런 말을 여러 차례 했으며, 이 말을 결코 취소한 적이 없다는 사실을 증명할 것입니다. 그들은 저와 그들 자신이 지켜야 할 규정을 결의문으로 만들었으며 그것을 성강으로 내세웠습니다. 그것을 여기서 읽겠습니다.

"우리는 우리가 정치조직을 완성하고 지속시키는 데에 필요한 권력의 균형을 위해 각 주가 자체의 판단에 의해 주 안의 모든 제도를 집행하고 감독할 권리를 침해하지 않고 그것을 유지하도록 결의한다. 그리고 우리는 어떤 이유에서라도 주에 군 병력을 투입하는 것을 배격한다."

이 결의를 강조함으로써 어떤 지역도 새로운 정부 때문에 재산과 평화와 안전이 위협받는 일은 없을 것이라는 점을 분명히 밝힙니다. 이에 덧붙여 헌법과 법률에 위배되지 않는 한 모든 주의 자치권을 합법적으로 보장할 것입니다.

도주 노예를 인도하는 문제는 여전히 많은 논쟁이 오가고 있습니다. 헌법 속에 규정한 다른 법규들과 마찬가지로 다음의 구절은 여러분도 분명히 알고 있을 것입니다.

"어느 주에서 반역죄나 중죄, 그 밖의 범죄로 인해 고발된 자가 도피해서 재판을 면하고, 다른 주에서 발견된 경우, 범인이 도피해 나온 주의 행정 당국의 요구에 의해 그 범인은 그 범죄에 대한 재판 관할권이 있는 주로 인도되어야 한다."

이 헌법 조항이 도주 노예의 반환을 의도하고 있다는 점은 논란의 여지가 없습니다. 의회의 모든 의원은 다른 헌법 조항과 마찬가지로 이 조항 역시 지지한다고 서약했습니다. 즉 그들 모두는 이 조항의 조건에 해당하는 노예는 '인도되어야 한다'라는 명제에 합의했습니다. 그렇다면 지금 그 서약을 살리기 위한 법률을 만들어 통과시키는 것은 당연하지 않습니까?

이 조항이 국가의 권위로써 실행되어야 하는지 아니면 주의 권위로써 실행되어야 하는지에 대한 의견에는 차이가 있습니다. 하지만 그 차이는 결코 중대한 것이 아닙니다. 노예가 인도되어야 하는 것이 마땅하면 어떤 권위로 행해지더라도 그것은 노예에게나 그 누구에게도 중요한 일이 아닙니다. 온갖 이유를 들어 그 맹세를 외면하는 것을 언제까지 지켜봐야 합니까?

그리고 이 법률에 자유의 옹호라는 문명적이고 인도적인 조항을 포함해 어떤 경우에도 자유인이 노예로 인도되는 일이 없도록 해야 하지 않겠습니까? 그와 동시에 법률로써 '각 주의 주민은 다른 어느 주에서도 그 주의 주민이 향유하는 모든 특권 및 면책권을 가지는' 헌법 구절을 실행하는 것도 옳지 않습니까?

저는 오늘 취임 선서를 하면서 제가 바라고 나아가고자 하는 바를 말씀드렸습니다. 저는 헌법을 재해석할 의도가 없습니다. 특정 법률을 반드시 새롭게 고쳐야 한다고 주장할 마음도 없습니다. 기존 법률이 폐지되지 않는 한 그것을 맹목적으로 따라야 하거나 위헌으로 판결되어야만 형벌을 면할 수 있다고 믿는 오류를 지적하고 싶을 뿐입니다.

우리나라에 헌법이 발포되고 초대 대통령이 취임 연설을 한 지 72년이 지났습니다. 그동안 15명의 위대한 국민이 행정부를 맡았습니다. 그들은 각각 많은 위기에 직면하면서도 성공적으로 임무를 수행했습니다. 선임자들의 성공에도 불구하고 저는 더없는 어려움 속에서 헌법에 규정되어 있는 4년이라는 임기를 시작하려 합니다. 이전까지 연방의 분열은 위험으로 느껴지지 않았지만 지금은 두려울 정도의 기세로 밀려오고 있습니다.

보편적인 논리와 헌법에 따라 생각해보면 합중국 각 주의 연방은 영원합니다. 이 영원성은 국가의 기본법인 헌법에 명시되어 있지 않더라도 모든 국가가 암묵적으로 합의하고 지키고 있습니다. 정식 정부가 자신의 소멸에 관한 조항을 기본법 안에 규정한 적은 단 한 번도 없었다고 단언해도 좋을 것입니다. 우리나라 헌법에 명기된 모든 조항을 앞으로 계속 따른다면 연방은 영속할 것입니다. 연방을 해체하는 것은 헌법에 규정되어 있지 않은 행동을 할 때만 가능하기 때문입니다.

합중국이 통상적인 국가가 아니라 단지 계약에 근거한 연합에 불과해도 그 연합에 계약을 맺은 당사자들 중 일부가 동맹을 무효로 할 수 있겠습니까? 그 계약을 맺은 그가 계약을 파기할 수는 있겠지만, 연방을 합법적으로 없애려면 모든 당사자가 동의해야 하지 않겠습니까?

이와 같은 일반적인 원칙에 따라 논의를 진행한다면 연방은 법적으로 자신의 역사에 따라 영원하다는 사실을 알 수 있습니다. 실제로 연방은 1774년의 동맹규약에 의해 성립했으며 1776년의 독립선언서로 더욱 공고히 유지하고 지속했습니다. 그 후 연방 체제는 1778년의 연합 규약에 의해 더욱 발전했습니다. 당시 13개 주 전체의 원칙은 연합 규약에 명시되었습니다. 그리고 마지막으로 1787년에 헌법을 제정하면서 천명한 목적 중 하나가 헌법 전문에 명시된 것처럼 '더욱 완전한 연방을 형성하자' 라는 것이었습니다.

하지만 연방의 한 주나 몇 주가 연방을 합법적으로 해체할 수 있다면 연방은 영속성을 상실해 헌법이 제정되기 이전보다 더 불완전한 상태가 될 것입니다.

이와 같은 견해로 볼 때 다음과 같은 결론을 내릴 수 있습니다. 어떤 주도 자신들만의 동기만으로 연방에서 탈퇴하는 것은 합법적이지 않습니다. 연방 탈퇴를 위한 결의나 법령은 법적으로 무효입니다. 한 주 또는 여러 주에서 합중국의 권위에 도전하는 무력행위는 상황에 따라서는 폭동이나 반역 행위입니다.

따라서 저는 헌법과 법률의 관점에서 연방은 분열될 수 없다고 생각합니다. 헌법이 저에게 위임한 바에 따라 제 힘이 다할 때까지 연방의 법이 모든 주에서 충실하게 시행되도록 노력할 것입니다. 이것은 저에게 주어진 단순한 의무일 뿐입니다. 이 나라 모든 국민이 저에게 필요한 수단을 금지하거나 어떤 권위 있는 수단으로 저에게 반대되는 일을 명하지 않는다면 할 수 있는 한 실행해나갈 것입니다. 이것은 위험천만한 일은 아닐 것입니다. 연방이 헌법에 기초해 스스로 일어나고 나아가야 한다는 연방의 공공 목적에 부합할 것입니다.

이를 실행할 때 유혈이나 폭동이 일어나지는 않을 것입니다. 국가의 권력에 강제되는 것이 아니라면 그런 행위는 일으키지 않을 것입니다. 저에게 맡겨진 권한은 정부에 속한 재산과 토지를 보호하고 영유하고 소유하고 과세와 조세를 징수하는 일에 쓰일 것입니다. 그 목적에 부합한다면 결코 국민을 침해하거나 강제하지 않을 것이며 국민에게 무력을 사용하는 일은 없을 것입니다. 지역의 의견을 무시한 채 그 지역의 유능한 인재를 억지로 연방의 공직에 앉히는 일도 없을 것입니다. 정부는 공무의 이행을 방해하는 행위를 강제할 법적인 권리를 가지고 있지만, 그 때문에 지역의 분열을 낳는다면 오히려 지켜보는 편이 낫습니다.

반대 의견이 없는 한 연방 전 지역에 우편을 배달할 수 있도록 하겠습니다. 저는 이 나라 국민이 어느 곳에 있더라도 안전을 보장받고 자유롭게 사색과 반성의 시간을 갖도록 할 것입니다. 예상하지 못한 사건이나 일 때문에 수정하거나 변경해야 하는 특별한 경우도 생기겠지만, 그런 경우가 아니라면 항상 이 맹세에 따를 것입니다. 그리고 저는 어떤 위기에 처해도 분별력을 잃지 않고 국가의 어려운 문제를 평화롭게 해결하고 동포들 사이의 공감과 애정을 회복하며 이로써 모두가 희망을 품도록 할 것입니다.

어떤 방법으로든 연방을 해체시키고 무너뜨리려 하며 이를 위해 온갖 구실을 찾는 사람들이 있다는 사실에 저는 긍정도 부정도 하지 않겠습니다. 그런 사람들이 있다고 해도 굳이 그들을 비난할 필요를 느끼지 않습니다. 하지만 진심으로 연방을 사랑하는 사람들과는 기꺼이 대화를 나누고 싶습니다.

우리에게 모든 혜택과 전통과 희망을 주고 있는 국가 조직을 파괴하려는 중대한 문제를 언급하기 전에 왜 이것을 문제 삼는지 명확하게 짚어두는 것이 현명할 것입니다. 여러분이 겁을 먹고 도망치려는 재앙은 실제로는 존재하지 않는 것일지도 모릅니다. 어쩌면 가능성조차 없는 그 존재 때문에 위험한 행동을 하겠습니까? 그보다 더 큰 불행이 눈앞에 있다면 그런 끔찍한 잘못을 범할 리 없을 것입니다.

헌법상의 모든 권리가 인정받고 유지된다면 모든 사람이 연방 체제에 만족한다고 할 것입니다. 그렇다면 헌법에 명시되어 있는 권리가 실제로 거부된 적이 있습니까? 그 권리를 주지 않은 적이 있었습니까? 그렇지 않습니다. 다행히 인간의 마음은 상황이 그렇게까지 이어지도록 허락하지 않습니다. 지금까지 단 한 번이라도 헌법 속에 명시된 권리가 부정된 적이 있었습니까? 그런 사례가 있습니까?

다수가 수적인 우세만으로 헌법에 명기된 권리를 소수로부터 빼앗는다면 어떤 일이 일어나겠습니까? 그것은 혁명으로

번질 것이며, 도덕적인 관점에서 그 혁명은 정당화될 수 있습니다. 침해된 권리가 중대한 것이라면 더욱 그렇습니다. 그런 일은 지금 이 나라에는 일어나지 않을 것입니다. 모든 소수와 개인의 중대한 권리는 헌법 속에 법적 보장과 금지로 명백하게 명기되어 있으므로 그런 권리에 관한 논쟁은 절대 일어나지 않을 것입니다.

하지만 어떤 법이라도 실제로 발생하는 모든 문제에 개별적으로 적용될 수 있는 조항을 제정하기는 불가능합니다. 제아무리 선견지명이 있다고 해도 일어날지도 모를 일을 예상할 수 없고, 법문이 아무리 길어도 수많은 조항을 담을 수는 없습니다. 도주 노예를 국가의 권위로 인도해야 하는지 아니면 주위 권위에 의해 되돌려 보내야 하는지 헌법에는 특별히 명시되어 있지 않습니다. 의회는 주 내의 노예제도를 금지해도 됩니까? 이에 대한 답은 헌법에 있지 않습니다. 의회는 주 내의 노예제도를 보호해야 합니까? 헌법은 이에 대한 명시적인 답을 주지 않습니다.

이와 같은 질문에서 모든 헌법 논쟁이 발생합니다. 그 문제에서 우리는 다수와 소수로 갈라집니다. 소수가 그 문제를 수용하지 않는다면 다수가 수용해야 합니다. 그렇지 않으면 정부는 더는 존재한 수 없습니다. 그 위에는 다른 길이 없습니다. 정부가 유지하려면 어느 한쪽이 다른 쪽의 의견을 수용해야 하기 때문입니다.

소수가 수용하지 않고 더 작게 분리한다면 다음에는 더 분열되는 결과로 이어져 결국에는 자신을 파괴하는 전례를 남기고 말 것입니다. 같은 결정으로 뭉친 소수라고 해도 그 안에는 견해 차이에 따라 다수파와 소수파로 나뉠 것입니다. 소수 안에서도 소외당한 사람들이 다수파에 지배받기를 거부할 경우 소수파는 제 살길을 찾아 나설 것이기 때문입니다. 예를 들어 현재 연방의 일부 주가 연방에서 분리하자고 주장하는 것처럼 새로운 연방에 소속된 주의 일부가 1년 또는 2년 뒤에 다시 탈퇴하지 않으리라 보장할 수 있습니까? 지금 연방의 분리를 원하는 사람들은 지금도 그 마음을 버리지 않고 있습니다.

각 주가 새로운 연방을 만든다면 서로 간에 조화만이 가득해 다시는 분리가 일어나지 않을 만큼 이해가 완벽하게 일치할 수 있겠습니까?

분명히 말씀드리지만, 분리의 본질은 무정부주의입니다. 헌법의 견제와 균형이라는 제약을 받고 있지만, 여론과 정서적 변화에 따라 바뀌는 다수야말로 자유로운 국민이자 유일하고도 진정한 주권자입니다. 이들 다수를 거부하는 사람은 무정부나 독재를 선택할 수밖에 없습니다. 만장일치는 불가능합니다. 소수의 지배를 영구히 하는 것은 용인할 수 없으며 용납해서도 안 됩니다. 따라서 다수결의 원칙을 거부한다면 무정부나 전제국가만 남을 것입니다.

저는 헌법 문제는 연방대법원에서 결정해야 한다는 의견이 일부에서 지지를 얻고 있다는 사실을 알고 있습니다. 그들이 말하는 것처럼 연방대법원의 결정은 이 나라 국민이라면 누구나 반드시 지켜야 한다는 점을 부정하지 않습니다. 이와 유사한 상황이 발생했을 때 정부의 모든 다른 기관은 연방대법원의 결정을 존중하고 배려해야 한다는 사실도 부정하지 않습니다. 특정 사례에서 연방대법원의 결정이 틀릴 수도 있지만, 그 결정을 따랐을 때의 해악은 그 특정 사례에만 국한됩니다. 또한 잘못된 결정을 번복함으로써 나중에 나쁜 선례로 남길 가능성도 있습니다. 연방대법원의 결정이 비록 잘못되었다고 해도 이를 거부함으로써 생기는 해악보다 그 결정을 받아들임으로써 생기는 부작용이 적다는 사실을 부인하지 않습니다.

하지만 한편으로는 정부가 국민 모두에게 영향을 미치는 중대한 정책을 시행하고자 할 때마다 연방대법원의 판결에만 의거한다면 정부의 중요한 정책은 소송의 대상이 될 것이며, 그 순간 국민은 자신들이 세운 정부를 연방대법원에 내맡기는 상황이 될 것입니다. 이것은 국민이 스스로 주체적인 통치자라는 사실을 포기하는 것이나 다름없습니다. 이 말은 법정이나 법관들을 비난하거나 공격하려는 뜻이 아닙니다. 법관이라면 정식으로 제출된 사건에 대한 판결을 회피해서는 안 되며, 다른 사람이 그들의 판결을 정치적인 목적으로 이용한다고 해도 그것은 그들의 잘못은 아닙니다.

우리나라의 한 지역에서는 노예제도가 정당하고 이를 확대 시행해야 한다고 믿고 있습니다. 반면에 다른 지역은 그것이 옳지 못하고 확대되어서는 안 된다고 믿고 있습니다. 이것이 논쟁의 본질입니다. 국민의 도덕적인 지지가 충분하지 않은 사회에서 다른 법률들처럼 헌법의 도주 노예에 관한 법률과 노예무역 금지에 관한 법률이 실행되고 있습니다. 국민 대부분은 이 두 법을 준수하고 있으며 몇몇 사람은 이를 위반하거나 이 조항을 없애려고 하는 것도 사실입니다. 이것은 완전하게 해결될 문제가 아닙니다. 오히려 연방이 분리되면 사태는 그전보다 더 악화할 것입니다. 현재 노예무역은 불완전하나마 억제되고 있지만 한 지역에서 부활할 것입니다. 일부나마 인도되고 있는 도주 노예들은 다른 한 지역으로부터는 전혀 인도받을 수 없을 것입니다.

우리는 물리적으로 분리될 수 없습니다. 우리는 각각의 지역을 서로로부터 떼어놓을 수 없고 그 사이에 넘을 수 없는 장벽을 세울 수도 없습니다. 부부는 이혼하고 서로 보지 않은 채 멀리 갈라설 수 있습니다. 하지만 우리나라의 각 지역은 그럴 수 없으며 그래서도 안 됩니다. 우리는 서로 얼굴을 맞댈 수밖에 없고 우호적이든 적대적이든 교류 관계가 유지되어야 합니다.

분리한 후에 이 관계를 이전보다 더 좋고 만족스럽게 할 수 있습니까? 같은 나라의 국민으로서 법률을 제정하기보다 서로 외국인 관계로 조약을 맺기가 더 쉽겠습니까? 국민 사이의 법률을 지키기보다 국가 간의 조약을 지키는 것이 더 충실하게 이행될 수 있습니까? 전쟁을 치른다고 상상해보겠습니다. 전쟁을 끝도 없이 계속할 수는 없습니다. 양측에 중대한 손실이 발생하고 더는 싸워서 이득을 얻을 것이 없으면 결국 정전에 이를 것입니다. 이 경우 교섭의 약정으로 삼기 위해 이전과 똑같은 문제로 되돌아가고 말 것입니다.

이 나라는 제도와 더불어 이 나라에 사는 국민 모두의 것입니다. 국민이 현 정부에 만족하지 않는다면 언제든지 법적 권리를 행사해서 개선하거나 혁명적 권리를 행사해서 정부를 해체하거나 정부 자체를 전복시킬 수도 있습니다. 저는 우리나라의 헌법이 개정되기를 바라는 국민이 많다는 사실을 알고 있습니다. 이 말을 제가 헌법 개정을 장려하려는 뜻으로 오해하지 않기를 바랍니다. 이 문제에서 국민이라면 마땅히 헌법 자체에 규정되어 있는 방법과 절차에 따라 그 정당한 권리를 행사할 수 있습니다. 그리고 현재 상황에서 국민이 자신이 가진 헌법적 권리로 행동에 나서는 것을 반대하지 않을 것이며 오히려 지원을 아끼지 않을 것입니다.

굳이 한 말씀 덧붙인다면 국민이 나서서 헌법을 개정하고자 한다면 의회보다는 헌법회의에서 의견을 모으는 편이 더 낫다고 생각합니다. 이것이 국민이 헌법 개정을 발의할 수 있는 가장 빠른 길이며, 이미 의회가 만든 개정안을 받아들이느냐 배척하느냐로 시간을 허비하지 않아도 되기 때문입니다.

헌법 수정안이 제출되었고 의회를 통과했다고 합니다. 유감스럽게도 저는 아직 법안을 보지 못했지만, 그 법안의 핵심은 연방정부는 수감자에 관한 제도를 포함해 각 지역 안의 모든 제도에 간섭할 수 없다는 것입니다. 특정 수정안을 언급할 의도는 없지만, 이 말이 오해를 살 우려가 있기에 한마디 덧붙이겠습니다. 그런 규정은 현재 헌법 속에 포함되어 있으며 그것을 변경할 수 없습니다.

대통령의 모든 권위는 국민에게서 나옵니다. 하지만 국민은 대통령에게 연방의 분리를 결정하는 권한까지 부여하지는 않았습니다. 국민 스스로가 그것을 원하면 그것을 결정할 수 있지만 행정부의 수장은 그 결정에 관여할 수 없습니다. 대통령의 의무는 그의 손에 맡겨진 현 정부의 임무를 수행하는 것이며, 그것을 훼손하지 않고 후임자에게 넘겨주는 것입니다.

궁극적인 정의는 국민에게 있음에도 불구하고 왜 국민이 내리려는 최후의 심판을 신뢰하지 않습니까? 이 세상에 그 이상의 희망이 있습니까? 현재의 갈등 상황에서 정의의 편에 서 있다는 신념을 가진 쪽은 없습니까? 모든 국민을 지배하는 자가 영원한 진리와 정의를 무기로 북부 사람들 편에 서거나 남부 사람들 편에 선다고 해도 그 진실과 정의는 합중국 국민이라는 위대한 심판자의 권능으로 승리할 것입니다.

현재 우리 국민은 현명하게도 해악을 가져올 만한 권력을 공직자에게 부여하지 않았으며, 아무리 작은 권력조차 아주 짧은 기간만 허용함으로써 국민의 손에 되돌아가도록 정부 구조를 만들었습니다. 국민이 그 도의와 경계심을 버리지 않는 한 어떤 행정부도 극단적인 악의나 어리석은 행동으로 4년이라는 짧은 기간에 정부를 훼손하는 일은 없을 것입니다.

국민 여러분, 이 문제를 한 사람 한 사람 곰곰이 따져보시기 바랍니다. 정말 중요한 문제는 아무리 시간을 들여도 헛된 일이 아닙니다. 여러분에게 중요하지도 않으며 여러분이 차분한 상황에서는 절대로 취하지 않을 행동을 그 무언가가 다급하게 선택하도록 보챌 때, 그것에 시간을 들인다면 그것은 결코 이룰 수 없습니다. 하지만 중요한 문제는 아무리 시간을 들여도 좌절되지 않는 법입니다.

불만을 품고 계신 국민 여러분께 말씀드립니다. 기존 헌법은 전혀 훼손되지 않았으며, 여러분이 헌법을 토대로 제정한 법률 역시 여전히 유효합니다. 새로운 정부가 그중 어떤 법률을 개정하거나 변경하고 싶다고 해도 새로운 정부에는 그럴 권한도 없습니다. 불만을 품고 계신 분들의 의견이 정당하다고 해도 성급한 행동을 취하는 것은 옳지 않으며 결코 정당화될 수 없습니다. 지성과 애국심과 종교적 정신, 그리고 이 나라에 은총을 내리신 신에 대한 확고한 믿음이야말로 현재의 난국을 극복할 제일 나은 방법이자 힘입니다.

여전히 불만을 품고 계시는 국민 여러분, 내전은 제가 아니라 여러분의 결정에 달려 있습니다. 정부는 여러분을 공격하지 않을 것입니다. 여러분이 스스로가 공격하지 않는 한 갈등은 없을 것입니다. 여러분이 정부를 무너뜨린다고 신께 맹세하지 않은 것처럼 저 역시 '정부를 유지하고 지키고 옹호할 것'을 엄숙하게 선서합니다.

저는 여기서 끝내고 싶지 않습니다. 우리는 적이 아니라 친구입니다. 우리는 서로 적이 되어서는 안 됩니다. 서로 감정이 어긋났더라도 그 때문에 우리를 이어주는 사랑을 끊어서는 안 됩니다. 신비로운 추억의 선율은 이 땅의 모든 전장과 애국자들의 무덤에서부터 모든 살아 있는 사람의 마음과 가정에까지 깃들어 있으며, 우리 안의 선량한 천사가 그 선율을 다시 연주할 때, 그때 연방의 합창은 하나가 되어 하늘 높이 울려 퍼질 것입니다.

새로운 자유를 향한 걸음

펜실베이니아주 게티즈버그 국립묘지 헌정식 연설

남북전쟁이 한창 진행 중이던 1863년 11월 19일, 링컨은 펜실베이니아주 게티즈버그를 방문하고 전몰자 국립묘지 봉헌식에 참석했다. 3분도 채 안 되는 이 연설은 이후 미국 역사상 가장 위대한 연설로 꼽힌다.

지금으로부터 87년 전에 우리의 선조들은 자유정신을 가슴에 품고 모든 사람은 모두 평등하게 창조되었다는 신조에 바쳐진 새로운 나라를 이 대륙에 세웠습니다.

지금 우리는 혼란스러운 전쟁에 휩싸여 있고 그 때문에 우리 선조들이 세운 나라가, 그렇게 태어나고 바쳐진 나라가 과연 오랫동안 존속할 수 있는지 시련 앞에 있습니다. 오늘 우리는 그 시련의 격전지에서 서로 만났습니다. 우리는 이 나라가 영원하기를 바라며 목숨을 바친 사람들에게 마지막 안식처가 될 수 있도록 그 전장의 일부를 바치기 위해 여기 왔습니다. 우리의 이 행위는 더없이 마땅하고 적절합니다.

더 큰 의미에서 우리는 이 땅을 바칠 수 없습니다. 신성한 것으로 바칠 수 없으며, 신성하게 할 수 없습니다. 여기 목숨 바쳐 싸운 용감한 사람들이 이곳을 신성한 땅으로 바친 것일 뿐, 우리의 하찮은 힘으로는 더 보태거나 뺄 수 없습니다. 세계는 오늘 우리가 여기 모여 하는 말에 그다지 주목하지 않을 것입니다. 오래 기억하지도 않을 것입니다. 하지만 그 용감한 사람들이 여기서 어떻게 했는지는 결코 잊지 않을 것입니다. 여기서 싸운 그들이 그토록 고결하게 진척시켜 왔으며, 미완으로 남은 일에 이제 몸을 바쳐야 할 것은 살아 있는 우리 자신입니다. 우리 앞에 남겨진 ㄱ 미완의 과업을 다 하기 위해 지금 이곳에 몸을 바쳐야 할 것은 오히려 우리 자신입니다.

명예롭게 죽어간 이들이 남은 마지막 힘까지 쏟아 끝까지 지키고자 했던 대의를 이어받아 이들의 죽음이 헛되지 않도록 굳게 다짐합니다. 이 나라가 신의 가호 아래 새로운 자유를 낳도록 할 것이며, 국민의, 국민에 의한, 국민을 위한 정부는 이 지상에서 영원히 사라지지 않을 것이다.

국민의 정치는 결코
사라지지 않습니다

재산 축하 환호에 대한 답례

1864년 11월 대통령선거에서 링컨은 압도적인 차이로 승리하며 재선에 성공했다. 그달 10일, 백악관을 둘러싼 행렬은 악기를 연주하고 노래를 부르며 그의 재선을 축하했고, 그는 급히 준비한 촛불에 의지해 연설했다.

본래 정부는 매우 강력해 국민의 자유를 유보할 수 있을 만큼 힘을 갖지 못하면 중대한 비상사태에 처했을 때 스스로 존립을 유지할 힘을 발휘하지 못합니다. 이 점은 오랫동안 심각한 문제로 여겨져 왔습니다. 이 점에서 이번 반란은 우리 공화국에 혹독한 시련을 시험에 빠뜨렸습니다. 반란이 진행되는 중에 실시된 대통령선거는 정부에 적지 않은 중압감을 주었을 것입니다.

정치상의 투쟁으로 인해 분열하고 마비 상태에 이르면 반란에 대항해 힘껏 싸우고 있는 충성스러운 국민이 그 임무를 견뎌내기가 더욱 힘들 것입니다. 그럼에도 선거는 치르지 않으면 안 됩니다. 선거 없이는 자유 정부를 가질 수 없으며, 반란으로 인해 국가적 선거가 중지되거나 연기되는 일이 있다면 우리는 이미 반란군에 정복되어 붕괴되었다고 말해도 좋을 것입니다.

선거에서 논쟁은 인간성을 현실에 반영합니다. 여기서 생긴 일들은 유사한 사례에서 반드시 재발할 것입니다. 인간의 본성은 결코 변하지 않습니다. 앞으로 어떤 큰 국가적 시련이 닥치더라도 우리는 지금의 시련을 겪어 나가는 사람들처럼 약하고 강하고 어리석고 현명하고 악하고 선한 자가 있을 것입니다. 그래서 이번 시련에 수반된 다양한 사건에서 지혜를 얻되 복수해야만 하는 부정적인 시각으로 보지 않도록 합시다. 이번 선거는 예기치 못한 사건이나 바람직하지 않은 싸움을 동반했지만 좋은 결과도 가져왔습니다.

국민의 정부는 대규모 내전 중에도 국가적 선거를 치러낼 수 있다는 것을 보여주었습니다. 지금까지 이런 일이 가능하리라고는 누구도 짐작하지 못했습니다. 또한 이 사실은 우리가 얼마나 현명하고 강한지 보여주었습니다. 같은 당의 후보들 중에서도 연방에 가장 헌신적이고 반란에 가장 크게 반대한 후보가 국민 다수의 표를 얻는다는 사실을 보여주었습니다. 또한 전쟁 초기보다 현재 우리에게 보다 많은 지지층이 있다는 사실을 알려줍니다. 금도 값지지만, 용감하며 애국심이 강한 사람들이 금보다 값진 법입니다.

반란은 계속되고 있습니다. 이제 선거가 종료되었으므로 공통의 이해관계를 가진 사람들은 모두 공동의 노력으로 다시 단결해 이 나라를 구해야 하지 않겠습니까? 저는 이를 위해 노력해왔고 앞으로도 어떤 장애물이라도 만들지 않도록 노력할 것입니다. 제가 이곳에 있는 동안 저는 누구에게도 원한이나 증오를 심어준 적이 없습니다.

저는 국민의 호의로 재선되었다는 점에 깊이 감사드리며, 제가 믿는 바와 같이 전능하신 신이 우리 국민을 올바른 결론으로 인도해주신 것에 감사드립니다. 이번 선거 결과로 누군가 실망하거나 고통스러워한다고 해도 그 때문에 제가 절망하는 일은 없을 것입니다. 저를 지지해준 여러분께 바랍니다. 저에게 보내주신 이런 마음과 정신을 저를 반대한 사람들에게도 가져주시기를 바랍니다.

마지막으로 우리의 용감한 병사와 수병들, 그리고 그들의 용맹하고 유능한 장교들을 위해 진심어린 만세삼창을 제안하면서 마무리하겠습니다.

나는 이 길을
믿습니다

제2차 대통령 취임 연설

링컨은 제16대 대통령으로 1861년에서 1865년까지 재임했으며, 이 시기는 남북전쟁 기간과 맞물린다. 임기를 끝내고 재선된 그는 남북전쟁 종식 37일을 앞둔 1865년 3월 4일 두 번째 임기의 취임 연설을 한다.

친애하는 국민 여러분, 대통령직 취임 선서를 하기 위한 이 두 번째 자리는 첫 취임식 때처럼 긴 연설을 할 필요는 없습니다. 첫 취임식 때는 우리가 어떤 길을 가야 할지 자세하게 말씀드려야만 했습니다.

그로부터 4년이 지난 지금 우리는 여전히 남북 내전에 집중하고 있습니다만, 지난 4년간 남북 갈등에 관한 모든 문제와 국면은 이미 수많은 공식 발표문이 나왔기 때문에 새삼 말씀드릴 만한 것은 없습니다. 지금 모든 것은 전쟁의 진행 상황에 달려 있고, 그 전황은 저는 물론 국민 여러분도 잘 알고 있습니다. 현재 상황은 우리 모두에게 만족스럽고 고무적이며 미래에 대한 희망을 품게 합니다. 하지만 이 자리에서 미래에 대한 어떤 예측도 함부로 하지 않겠습니다.

4년 전 취임 연설 때 모두가 임박한 내전을 걱정하고 있었습니다. 모두가 전쟁의 발발을 두려워했고 전쟁만은 피하려 했습니다. 그때 이 자리에서 저는 전쟁 없이 연방을 구해야하며 그 임무에 최선을 다하겠다고 취임 연설을 했습니다. 하지만 반란자들은 전쟁을 하지 않고 연방을 해체하는 방안, 즉 합의에 의해 합중국을 해체하고 나라를 나누자는 안을 주장했습니다. 양쪽 다 전쟁이 일어나지 않기를 바라는 마음은 마찬가지였습니다. 한쪽은 연방을 존속시키기보다는 차라리 전쟁을 하는 편이 낫겠다고 주장했고, 다른 한쪽은 연방이 멸망하도록 내버려두기보다는 전쟁이라도 감수하겠다고 생각했습니다. 그렇게 해서 전쟁이 일어났습니다.

이 나라 인구의 8분의 1이 흑인 노예입니다. 그들은 이 나라 모든 지역에 퍼져 있는 것이 아니라 남부 지역에 집중되어 있습니다. 이들 노예는 독특하고도 강력한 이해관계를 구성하고 있습니다. 그 이해관계가 이번 전쟁의 원인이라는 사실을 우리는 알고 있습니다. 전쟁을 일으켜서라도 연방을 분열시키려 한 반란자들의 목적은 그 이해관계를 강화하고 영속화하며 확장하려는 것이었습니다. 반면에 정부는 주의 노예제도 확대를 제한하려 했을 뿐 그 이상의 권리는 주장한 바 없었습니다.

그렇게 해서 일어난 전쟁이 이처럼 규모가 커지고 계속되리라고는 어느 쪽도 예상하지 못했습니다. 양쪽 모두 싸움의 원인이 된 것이 전쟁 종결과 함께 혹은 전쟁이 종결되기 이전에 소멸하리라 생각하지 못했습니다. 양측은 모두 상대방에게 쉽게 이기리라 기대했으며, 이처럼 중대하고 놀라운 결과가 생기리라고는 예상하지 못했습니다. 양쪽 모두 같은 성경을 읽고, 같은 신께 기도하며, 서로가 상대방을 이기기 위해 신의 도움을 구하고 있습니다. 남이 이마에 땀을 흘려 얻은 빵을 빼앗기 위해 정의로운 신의 도움을 청한다는 것은 얼마나 이상한 일입니까? 하지만 우리가 스스로 비판받지 않으려면 남을 비난하지 말아야 합니다. 양쪽 모두의 기도는 동시에 신의 응답을 받을 수 없습니다. 지금까지 어느 쪽도 신의 충분한 응답을 받지 못했습니다.

전능하신 신은 당신의 목적을 가지고 계십니다.

"실족하게 하는 일들이 있음으로 말미암아 세상에 화가 있도다. 실족하게 하는 일이 없을 수는 없으나 실족하게 하는 그 사람에게는 화가 있도다."

우리가 합중국의 노예제도는 신의 섭리로 마땅히 맞이했어야 할 죄 가운데 하나이고, 신이 정하신 기간 동안 계속되어 온 것이지만 이제는 신이 그 죄를 거두기를 원하시는 것이라면, 그리고 신이 죄를 초래한 자들이 당연히 받아야 할 재앙을 징벌하고자 북부와 남부가 이 끔찍한 전쟁을 치르게 하신 것이라면 그것은 신을 믿는 자가 마땅히 지녀야 할 생각이 아니겠습니까?

우리는 이 전쟁이라는 거대한 재난이 하루빨리 끝나기를

간절히 바라고 열심히 기도합니다. 하지만 250년에 걸친 노예의 보상받을 길 없는 고역으로 축적된 모든 부가 사라질 때까지, 3천 년 전의 말씀이 이르듯 채찍으로 남의 피를 흘리게 한 자가 스스로 칼에 맞아 그 피 한 방울 한 방울을 자기 피로 갚는 날까지 이 전쟁을 계속하려는 것이 신의 뜻이라면, 우리는 다만 "여호와의 법도 진실하여 다 의로우니"라고 말해야 할 것입니다.

누구에게도 원한을 품지 말고, 모든 사람을 사랑하는 마음으로, 신께서 우리에게 보여주신 그 정의로움을 굳게 확신하고 지금 우리가 마땅히 해야 할 일을 끝내기 위해 노력합시다. 이 나라의 상처를 끌어안고 전투에 가담했다가 쓰러진 사람, 그의 미망인과 고아가 된 그의 아이를 돌보고 위로하기 위해, 모든 국민과 모든 나라에 정의롭고 항구적인 평화를 가져다주고 키워나가기 위해 모든 노력을 멈추지 맙시다.

나의 삶

선거운동을 위해 쓴 자서전

1860년 6월, 처음 대통령선거에 출마했을 때 선거에 활용할 목적으로 쓴 자서전으로, 그가 쓴 세 편의 자서전 중 가장 긴 글이다. 오늘날 널리 알려져 있는 링컨의 젊은 시절 이야기는 대부분 이 자서전에 근거한다.

나 에이브러햄 링컨은 1809년 2월 12일, 지금은 켄터키주 라루 카운티라고 불리는 하딘에서 태어났다. 아버지 토머스와 조부 에이브러햄은 버지니아주 로킹엄 카운티에서 태어났으며, 그 이전의 선조는 펜실베이니아주 벅스 카운티 출신이었다. 이보다 더 거슬러 올라가서 우리 가계를 소개하기는 어렵다.

집안은 대대로 퀘이커교를 믿었으나 아버지 대 이후에는 퀘이커교의 독특한 습관에서 멀어졌다. 조부 에이브러햄에게는 아이작, 제이콥, 존, 토머스 등 4형제가 있었다. 지금까지 알려진 바로는 제이콥과 존의 자손은 지금 버지니아에 살고 있다. 아이작은 버지니아, 노스캐롤라이나, 테네시가 합류하는 곳 근처로 이주했고, 그의 후손은 그곳에 살고 있다. 토머스는 켄터키주로 이주해 살았는데, 그는 몇 년 후 그곳에서 죽었고 그의 사후 그 자손은 미주리로 이주했다.

조부는 켄터키에 이주해 1784년경 인디언에게 살해당했다. 그에게는 미망인과 세 아들, 두 딸이 남았다. 장남 모디카이는 늦은 나이까지 켄터키에 머물다가 일리노이주 핸콕 카운티로 이주해 곧 사망했으며, 그곳에 그의 자손 몇 명이 여전히 살고 있다. 둘째 아들 조시아는 오늘날의 인디애나주

핸콕 카운티에 있는 블루 리버 주변으로 이주했으나 그와 그의 가족의 최근 소식은 모르고 있다.

맏누이인 메리는 랄프 크룸으로 시집가서 그의 자손 중 일부는 오늘날의 켄터키주 브레킨릿지 카운티에 살고 있는 것으로 알고 있다. 둘째 여동생 낸시는 윌리엄 브룸필드와 결혼했는데, 그 가족이 켄터키를 떠난 것으로 알려졌지만 최근 소식은 알 수 없다.

막내아들이자 현재 나의 아버지인 토머스는 조부를 일찍 여의고 몹시 가난한 생활환경 때문에 어린 시절부터 소년노동자로 여기저기 오가며 교육을 받지 못한 채 없이 성장했다. 아버지는 자신의 이름을 쓰는 것 외에는 글을 써본 적이 없다. 소년 시절의 아버지는 홀스턴 강 지류에 있는 와토우가에서 삼촌 아이작과 함께 일용직으로 1년을 지냈다. 그 후 켄터키로 돌아와 28세가 되던 해인 1806년, 현재 나의 어머니인 낸시 행크스와 결혼했다. 어머니 또한 버지니아에서 태어났다. 행크스 집안의 친척들은 현재 일리노이주의 콜스, 메콘, 아담스 카운티, 아이오와주에 살고 있다.

내게는 현재 형제는 물론 배다른 자매도 없다. 나보다 나이가 많은 누나가 있었는데, 이미 오래전에 성인이 되어 결혼한 후 사망해 자녀가 없었다. 나보다 어린 남동생도 어린 시절에 세상을 떠났다. 켄터키를 떠나기 전에 나와 누나는 짧은 동안 자카라이아 라이니, 케이렙 헤이즐의 ABC학교에 다니기도 했다.

당시 아버지는 켄터키주 바즈타운에서 테네시주 내슈빌로 이어지는 길에 있는 롤링포크의 애서튼 선창가에서 남서쪽으로 6킬로미터 지점인 놉 크릭에서 살았다. 1816년 가을, 아버지는 내가 8살 되던 해에 지금의 인디애나주 스펜서 카운티로 이주했다. 이 이주는 부분적으로는 노예제도 때문이었지만, 주된 이유는 켄터키에서 토지를 구입하기가 어려웠기 때문이다. 이 때문에 아버지는 미개척 삼림 속에 거처를 마련했는데, 불필요한 나무들을 정리하는 것이 큰일이었다. 당시 나는 아주 어렸으나 나이에 비해 덩치가 컸기 때문에 도끼를 손에 쥐었다.

이때부터 23세가 될 때까지 나는 추수철을 제외하고는 쟁기를 손에서 놓지 않았다. 이곳에서 일찍부터 사냥꾼 같은 생활을 했지만 크게 나아진 것 없이 세월만 보냈다. 내가 9살이 되던 해에 아버지가 자리를 비운 사이에 야생 칠면조 무리가 내가 살던 통나무집에 다가왔다. 나는 소총을 손에 들고 방에서 있다가 통나무 틈새로 한 마리를 사격해 죽였다. 그 이후로 그보다 큰 사냥감을 향해 방아쇠를 당겨본 적이 없다.

1818년 가을에 어머니가 돌아가셨고, 1년 후 아버지는 켄터키주 엘리자베스타운에서 첫 결혼으로 세 자녀를 둔 샐리존스턴 부인과 재혼했다. 그녀는 내게 자상한 어머니였으며 지금도 일리노이주 콜스 카운티에 살고 있다. 아버지의 두 번째 결혼에서 태어난 다른 아이는 없었다. 아버지는 1830년까지 인디애나의 같은 곳에서 살았다. 이곳에 머무는 동안 나는 ABC학교에 다녔는데, 그 학교는 앤드루 크로우포드를 거쳐 윌리엄 스위니, 에이즐 W. 도시에게 넘어갔다. 그 외에 기억나는 것은 없다. 도시의 가족은 지금 일리노이주 스카이라 카운티에 살고 있다. 내 기억으로는 내가 받은 학교교육은 모두합쳐 1년도 되지 않았다.

나는 고등학교나 대학교에 다닌 적이 한 번도 없으며, 변호사 자격증을 취득한 이후에도 고등학교나 대학교 건물 안에 들어가본 일조차 없다. 교육과정은 모두 나 스스로 습득한 것들이다. 23세가 되어 아버지 밑에서 벗어난 무렵에 나는 불완전하기는 하지만 영문법을 배웠고 그 덕에 지금 정도로 말하고 쓸 수 있었다. 연방의회 의원이 된 이래로 오늘날까지

유클리드의 책을 6권 독학했고 그 내용을 모두 깨우쳤다. 어릴 때 제대로 교육받지 못한 것을 아쉬워하며 이를 메우기 위해 할 수 있는 일은 무엇이든 했다.

10살 때 말에 차여 한동안 가사상태에 빠지기도 했다. 19살 때, 아직 인디애나에 살고 있던 나는 처음으로 평저선을 타고 뉴올리언스로 여행을 떠났다. 그때 나는 고용된 일꾼일 뿐이었지만, 다른 사람의 도움 없이 선주의 아들과 함께 여행을 떠났다. 화물선의 특성상 우리는 해안을 따라 머물며 장사를 해야 했다. 어느 날 밤에는 흑인 7명에게 둘러싸여 목숨을 위협받고 짐까지 빼앗길 위기에 처했다. 우리는 난투 와중에 약간 다쳤지만 흑인들을 배에서 몰아내고 닻을 묶은 밧줄을 자르고 그 자리를 피했다.

1830년 3월 1일, 21세가 된 나는 아버지와 가족, 그리고 새어머니의 두 딸과 그 아들과 함께 정든 인디애나의 오래된 농장을 떠나 일리노이주로 옮겨왔다. 우리 가족의 이동 수단은 소 두 마리가 끄는 짐마차였고, 나는 그중 한 마리를 운전했다. 그렇게 메콘 카운티에 도착해 3개월 간 그곳에 잠시 머물렀다. 아버지와 가족은 디케이터에서 서쪽으로 약 15킬로미터 떨어진 생거먼강 북쪽의 삼림지대와 초원이 만나는 곳에 새로운 터전을 잡았다. 우리는 이곳에 통나무 오두막집을 짓고 10에이커의 토지에 울타리를 치고 땅을 갈아엎고 같은 해에 그 위에 옥수수를 심어 그해에 수확도 할 수 있었다.

새어머니의 사위들은 한때 같은 카운티의 다른 지역에 정착했다. 가을이 되면 그들 모두 악성 몸살과 열병으로 고생했다. 이 때문에 그들은 몹시 낙담해 카운티를 떠나기로 마음먹을 정도였지만, 일리노이에서 유명한 폭설이 내리던 그 다음해 겨울까지 그곳에 남아 있었다. 그 겨울에 나는 배다른 형제인 존 D. 존스턴, 아직 메콘 카운티에 거주하고 있던 존 행크스와 함께 일리노이주 비어즈타운에서 뉴올리언스로 가는 범선을 타기 위해 덴튼 오퍼트에게 고용되었고, 눈이 그치는 대로 일리노이주 스프링필드에서 그와 합류할 예정이었다.

1831년 3월 1일경에 비가 내렸을 때 카운티는 육로 이동이 불가능할 정도로 물이 심하게 넘쳤고, 이 문제를 해결하기 위해 우리는 평저선을 타고 생거먼강을 따라 내려갔다. 나는 이때 처음으로 생거먼 카운티에 들어갔다. 우리는 스프링필드에서 오퍼트를 만났는데, 그가 비어즈타운에서 보트를 구하는 데에 실패했다는 사실을 알게 되었다. 그래서 우리는 각각 한 달에 12달러씩 받고 오퍼트에게 연장 고용되어 스프링필드에서 북서쪽으로 11킬로미터 떨어진 생거먼강 기슭의 올드생거먼에서 목재를 가져와 배를 만들었고, 그 배는 이전 계약대로 뉴올리언스로 옮겼다.

그전까지는 서로 전혀 몰랐던 오퍼트 씨와 여행을 하면서 친분을 쌓으면서 그가 내게 호감과 신뢰감을 갖게 되어, 내가 뉴올리언스에서 돌아오자마자 메너드 카운티, 당시 생거먼에 있는 뉴세일럼에서 그의 상점과 공장을 관리하는 점원으로 일했다. 행크스는 뉴올리언스에 가지 않았지만, 처음 예상한 기간보다 더 오래 집밖에 머물 수 없는 상황이어서 가족이 있는 집으로 되돌아갔다. 아버지는 가족과 함께 메콘에서 콜스 카운티로 이주했다.

새어머니의 아들 존 D. 존스턴 역시 그들과 함께했고, 나는 앞서 언급한 것처럼 태어나 처음으로 뉴세일럼에 혼자 머물렀다. 이때가 1831년 7월이었다. 이곳에서 나는 많은 지인과 친구를 사귀었다. 1년도 채 되지 않아 오퍼트의 사업은 실패로 돌아갔고, 1832년 블랙호크 전쟁이 발발하면서 파산에 이를 정도였다. 나는 의용병 부대에 입대했는데, 놀랍게도 대장으로 선발되었다. 내 인생에서 그토록 큰 만족감을 준 성공은 없었다. 출정군으로 3개월 가까이 전장에 복무했지만 실제 전투에는 참전하지 않았다.

나는 현재 아이오와에 땅을 소유하고 있는데, 이 땅은 나의 종군 복무에 대한 정부 보증으로 얻은 재산이었다. 전장에서 돌아온 후 주변 사람들 사이에서 인기를 얻은 것에 고무되어 같은 해 주 의회 의원선거에 입후보했지만 낙선했다. 하지만 나의 선거구에서는 내가 '클레이 지지자'였음에도 찬성 277표, 반대 7표로 나를 지지해주었고, 그해 가을 같은 선거구에서 115표의 다수표로 클레이와 반대되는 잭슨 장군을 지지했다는 사실을 숨길 수 없다. 내가 국민의 직접투표에서 패한 것은 이때가 유일했다.

그 후로 모아둔 돈도 없고 사업도 망했지만, 갈 곳도 없는 상황에서 나를 아낌없이 대해준 친구들과 함께 있고 싶었다. 대장간 일을 배워야겠다고 생각했고 법률을 공부해야겠다고 다짐했으나 더 나은 교육 없이는 성공할 수 없다고 생각했다. 그러던 중 우연히 나만큼이나 가난했던 사람이 자신이 소유한 오래된 재고상품을 외상으로 사서 팔아줄 것을 제안했고 실제로 팔았다.

그래서 우리는 상점을 열었지만 겉만 그럴듯할 뿐 빚만 쌓였다. 그러던 중 나는 뉴세일럼의 우편국장으로 임명되었다.

사실 우편국은 내가 정치적 경력을 쌓기에는 너무나 보잘것 없는 직책이었다. 이 일로 상점의 일은 마무리되었다. 그 후 알고 지내던 생거먼의 측량기사가 내가 살고 있는 부근의 측량을 맡기고 싶다고 제안했다.

나는 이를 수락하고 컴퍼스와 체인을 구해 플린트나 깁슨이 저술한 측량술 서적을 조금씩 공부했다. 이 일은 내게 빵을 주었고 몸과 마음을 하나로 이어주었다. 1834년 선거가 다시 찾아왔을 때 나는 후보자 중 가장 높은 득표율로 주 의회에 당선되었다. 당시 법조계에 몸담고 있던 존 T. 스튜어트 소령도 당선되었다. 선거운동을 하면서 사적인 대화를 나누던 중 그는 내게 법률을 공부하라고 권했다. 선거가 끝난 후 나는 스튜어트의 책을 빌려 와서 공부하기 시작했다. 나는 누구와도 함께 공부하지 않고 독학했는데, 숙식비와 옷값을 지불하기 위해 측량 일을 계속했다.

의회가 시작되면 법률책은 구석에 치워 두었지만 회기가 끝날 때는 늘 손에서 떠나지 않았다. 나는 1836년과 1838년, 그리고 1840년에 재선되었다. 1836년 가을에 변호사 자격증을 취득하고 1837년 4월 15일에 스프링필드로 이주해 오랜 친구 스튜어트와 동업해서 변호사 사무실을 열었다.

1837년 3월 3일, 나는 《일리노이 하원 저널》에 생거면 대표인 댄 스톤과 함께 노예제도 문제에 대한 나의 입장을 간략하게 밝혔는데, 그에 관한 입장은 지금도 다르지 않다. 그 내용은 다음과 같다.

- 국내 노예제도 문제에 대한 결의안이 이번 회기 중 의회 양원을 통과한 것에 대하여, 다음에 서명한 자는 동 결의의 가결에 반대한다.
- 아래에 서명한 자들은 노예제도가 불의와 나쁜 정책에 기반을 두고 있다고 믿지만, 노예제 폐지를 발표하는 것은 그 해악을 줄이기보다 오히려 증대시킨다고 믿는다.
- 아래에 서명한 자들은 합중국 의회가 헌법에 의해 각 주에서 노예제도를 간섭할 그 어떤 권한이 없다고 믿는다.
- 아래에 서명한 자들은 합중국 의회가 헌법에 의해 콜롬비아 지구에서 노예제도를 폐지할 권한을 가지고 있다고 믿지만, 이 권한은 이 지구 주민의 요청이 없는 한 행사되어서는 안 된다고 믿는다.

・이들 의견과 전술한 결의에 포함된 의견 차이가 아래 서명한 자들이 항의하는 이유다.

댄 스톤
링컨
생거먼 카운티 선출위원

1838년과 1840년, 내가 소속된 당은 나를 의장으로 뽑았으나 소수파에 속한 탓에 당선되지 못했다. 1840년 이후 나는 주 의회의 재선 자격을 고사했다. 1840년에는 해리슨 선거인명부에 실렸고, 1844년에는 클레이 선거인으로서 두 선거구 모두에서 많은 시간과 노력을 쏟아부었다. 1842년 11월, 나는 켄터키주 렉싱턴에 사는 로버트 토드의 딸 메리와 결혼했다. 두 사람 사이에는 1843년, 1850년, 1853년에 태어난 세 명의 아이가 있다. 세 자녀는 모두 남자아이로, 1846년에 태어난 아이는 일찍 죽고 잃었다.

1846년에 나는 연방의회 하원에 선출되어 1847년 12월부터 1849년 3월 테일러 장군이 대통령에 취임할 때까지 한 번의 임기만 재임했다. 내가 의회에 입성하기 전에 멕시코 전쟁의 모든 전투가 벌어졌지만 연방 군은 여전히 멕시코에 주둔하고 있었고 평화조약은 이듬해 6월까지 완전하고 공식적으

ㄹ 비준되지 않았다

이 전쟁에 관한 익희 내에서 나의 활동에는 많은 의견이 전해지고 있는데, 《저널》과 《콩그레셔널 글로브》를 면밀히 살펴보면 내가 상정된 모든 전비 지출안에 찬성 투표했고 전쟁을 끝까지 완수한 장교와 병사 및 그의 가족에게 어떤 식으로든 도움이 되는 조치를 했음을 알 수 있다. 이런 조치 중 일부는 찬성이나 반대 없이 통과되어 특정 의원이 어떻게 투표했는지에 대한 기록이 남지 않은 것도 있다. 《저널》과 《글로브》는 내가 합중국 대통령이 전쟁을 불필요하고 위헌적으로 시작했다는 의견에 내가 지지했다는 사실도 알려준다. 이것은 나와 하원의 대부분을 점하는 휘그당 의원들이 찬성 투표한 애시먼의 수정안 문구다.

여기에 표명된 의견을 지지한 이유를 간단히 말하면 이렇다. 대통령은 테일러 장군을 합중국이 아닌 멕시코에 속하는 주민이 거주하는 지역으로 보냈고, 그로 인해 사실상 최초의 적대행위, 즉 전쟁의 발단을 유발한 것이다.

그곳은 리오그란데강 동쪽 기슭에 접해 있고, 멕시코 정부 아래에서 태어난 멕시코 원주민이 살고 있는 곳으로, 텍사스나 합중국에 복종하거나 정복된 적이 없고 조약으로 양도된 적이 없다. 텍사스는 리오그란데를 국경으로 할 것을 주장했지만 멕시코는 이를 인정한 적이 없으며 텍사스나 합중국 모두 이를 강요한 적이 없다. 또한 그 지역과 텍사스가 실제로 지배하고 있던 지역 사이에는 넓은 사막이 있었다. 적대행위가 시작된 땅은 일찍부터 멕시코에 소속되어 있었으므로 합법적으로 양도될 때까지는 그대로 유지되어야 하며 그런 양도 사실은 없었다.

나는 멕시코가 합중국이나 합중국 국민을 위협한 사실이 없었기 때문에 멕시코에 군대를 파견하는 행위는 불필요하다고 생각했으며, 전쟁을 선언할 권리는 대통령이 아닌 의회에 있기 때문에 위헌이라고 생각했다. 이 행위의 주된 동기는 오리곤 국경 문제에서 영국에 대한 외교상의 실패로부터 국민의 관심을 돌리기 위해서였다.

나는 재선을 입후보하지 않았다. 이는 내가 워싱턴에 가기 전에 하던 대령과 베이커 대령이 같은 지역구에서 각각 한 번씩 임기를 맡은 적이 있다는 휘그당 친구들의 이해에 따라 결정된 사실이었다.

연방의회 임기 중인 1848년, 나는 다른 모든 대립 후보에 대항해 테일러 장군의 대통령 후보 지명을 옹호했으며, 지명

후에도 워싱턴 근처의 메릴랜드주에서 두세 차례, 매사추세츠주에서 여러 차례 연설했고, 내 지역구인 일리노이주에서 대대적으로 선거운동을 벌여 과반이 넘는 1,500표를 얻어 테일러 장군에게 승리를 안겨주었다.

의회에서 물러나 돌아온 후 나는 그 어느 때보다 더 진지하게 법조계에 종사했다. 1852년에 나는 스콧의 선거인명부에 올랐다. 그리고 잠시 선거운동을 맡았지만 그 정책강령이 일리노이주에서는 실현 가능성이 없는 탓에 그 성과는 이전 대통령선거 운동에 비해 형편없었다. 나의 직업에 대한 열정은 정치적 관심까지 줄일 정도였다. 그런데 1854년 미주리협정 폐지는 이전과는 비교할 수 없을 만큼 나를 자극했다.

그해 가을, 나는 리처드 예이츠 의원을 재선시키려는 외에는 별다른 목표나 목적도 없이 선거연설을 시작했다. 여기서 나의 연설은 그 어느 때보다 사람들의 관심을 끌었다. 선거운동을 진행하면서 나는 예이츠의 지역구 밖의 다른 지역에까지 두각을 드러냈다. 그러는 중에도 변호사 일은 멀리하지 않았다. 그해에 스프링필드에서 주의 농업박람회가 열렸는데, 그곳에서 더글러스가 연설한다고 알려졌다.

1856년의 선거에서 나는 50회가 넘는 연설을 했는데, 내가 기억하는 한 그중 인쇄물로 만든 연설문은 단 하나도 없다. 그중 한 연설은 갤리너에서 행했는데, 그 연설의 일부라도 인쇄된 기억이 없다. 그 연설에서 내가 연방대법원 판결을 언급했는지도 기억하지 못한다. 나는 그 문제로 연설했을 수도 있고 어느 신문이 지금 와서 내가 말한 것처럼 기사화했을 수도 있지만, 나는 그 당시 그런 내용을 스스로 말했을 리는 없다고 생각한다.